Para obtener información acerca de Seminarios, Objetos de Feng Shui para Curar su Casa, Asesorías, Consultas o Libros, favor de dirigirse a:

The Great Sunshine Press Inc.
P.O. Box 653552
Miami, Florida 33265-9998
Tel. (305) 559 9494
Fax (305) 553 1585
e-mail:Rela@NetSide.Net

道通天地　緣結四海

碍書持無量功為

讀者
作者　園府　祈福納財增慧保年安

壽群林齊

CURE SU CASA CON

Feng Shui

Ronald Lorenzana

ADVERTENCIA

Este libro ha sido preparado con el conocimiento y la experiencia que el autor tiene sobre el Feng Shui y con la intención de compartir con los lectores los beneficios de este antiguo arte oriental. De ninguna manera asume responsabilidad por el uso que se haga de su contenido.

Todos los derechos estan reservados. Ninguna parte de este libro puede usarse sin previa autorización escrita del titular. Se prohibe reproducirlo por medio de fotocopias o por cualquier medio incluyendo la reprografía y el tratamiento informático y la distribución de ejemplares mediante alquiler o préstamo público. El uso de este material para impartir cursos no está permitido.

Editado en Estados Unidos de América por
THE GREAT SUNSHINE PRESS INC. NC
P.O.BOX 653552
Miami, Florida 33265-9998
Impreso en USA
Segunda Edición

Diseño Editorial: Viviana Hernández

Library of Congress Catalog Card No. 97-93606
ISBN 0-96-46334-3-4
1.Cure su Casa 2. Feng Shui

La Tierra es la medida del hombre.
El cielo es la medida de la Tierra.
La medida del Cielo es Tao.
La medida de Tao es el mismo.

Lao Tse
Tao Teh Ching

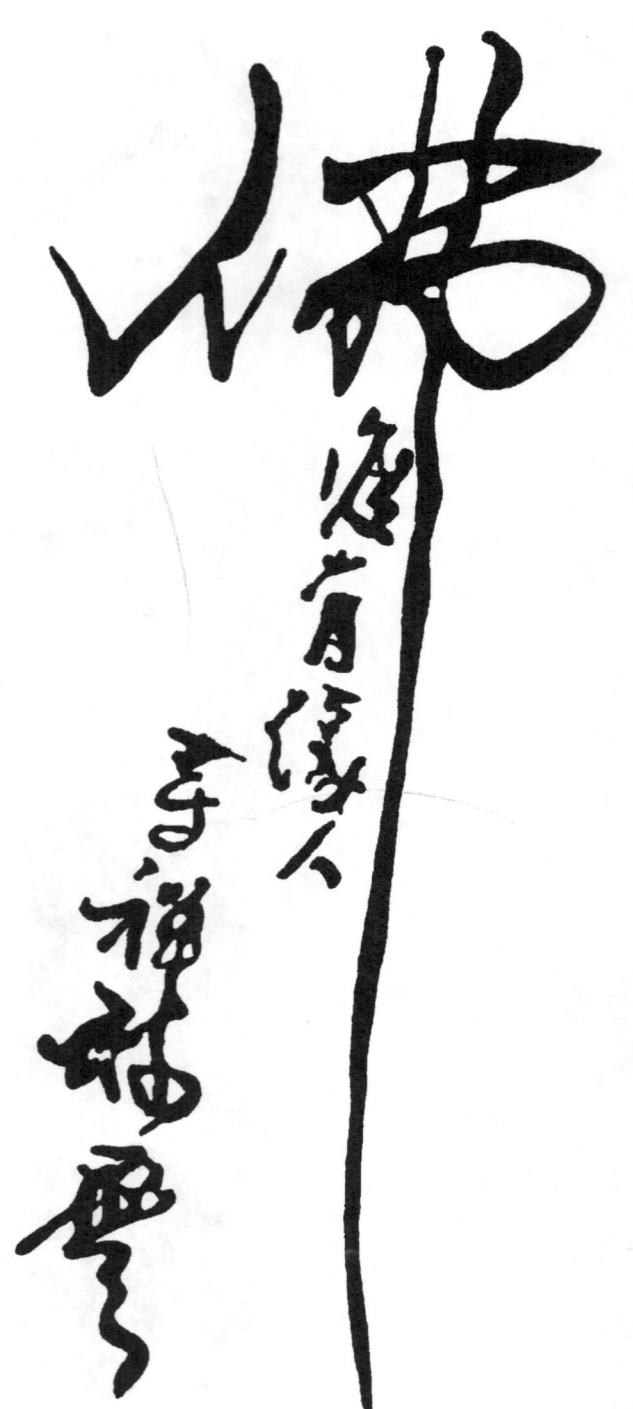

"Esta caligrafía fue elaborada y obsequiada por el Maestro Yun Lin al autor de éste libro en el Omega Institute of New York, con motivo del seminario de Feng Shui que se impartió en ese lugar"

*"El profesor Yun Lin y el Dr. Lorenzana en Miami,
después de impartir una conferencia de Feng Shui"*

*"El pez dentro del agua, no sabe de la inmensidad
de los mares. Así el hombre, entretenido en
las ilusiones y problemas de la vida terrena,
no está consciente ni reconoce la grandeza
del mundo espiritual al que pertenece"*

Ronald Lorenzana

ÍNDICE

PREFACIO

Hace menos de dos décadas el pueblo chino, hermético y misterioso comenzó a entreabir sus puertas hacia occidente. Cuando el líder de la República Popular China, Deng Xiaoping, de política más moderada que sus antecesores, dio el banderazo para la apertura económica en 1978, también se logró una apertura cultural y científica. Si bien desde hace siglo y medio se establecieron en occidente -especialmente en la costa oeste de la Unión Americana y en menor proporción en Centro y Sudamérica -inmigrantes de origen chino, poco o nada compartían con extraños su cultura y sus costumbres. Sólo a partir de la antes mencionada apertura china, es cuando empezamos a conocer en su total dimensión la realidad y diversidad de este pueblo milenario y fascinante.

Hoy en día oriente y occidente han mostrado un mutuo interés por conocerse a fondo y estrechar sus relaciones comerciales y culturales. Una muestra de esto lo encontramos en el hecho, que conceptos como: Tao, Yin y Yang, Tai Chi, Qi Gong, Acupuntura, Yoga, Zen, Reiki, etc.,nos resultan cada vez más familiares y los identificamos con la medicina tradicional alternativa, la filosofía o las disciplinas marciales. En base a la concepción oriental y especialmente la china: el ser humano forma parte integral del cosmos, por lo que todas las artes y disciplinas —incluso la vida misma— están encaminadas a encontrar la armonía personal y con todo lo que nos rodea. Un novedoso concepto para nosotros, pero que cuenta con la venerable edad de 3,000 años, surge desde la antigüedad y nos enseña como armonizar no únicamente nuestro cuerpo, sino también el entorno y lograr así la felicidad y prosperidad.Esta ancestral sabiduría es conocida en China como: **Feng Shui.**

El Feng Shui que literalmente significa: «viento-agua» es el arte chino de localizar o crear lugares idóneos para vivir, trabajar e incluso ubicar nuestra última morada, todo esto aprovechando la energía que se extiende por la tierra, siguiendo la dirección de los vientos y los ríos, las montañas y valles, además de su situación con respecto a la esfera celeste. Los principios del Feng Shui fueron descubiertos en la antigüedad, y se plasmaron por escrito en uno de los más antiguos libros chinos: el Li Ji (Libro de los Ritos) el cual fue editado más tarde por Confucio en el Siglo VI antes de nuestra era. El primer manual de Feng Shui fue escrito en el siglo noveno después de J.C., por Yang Yun-Sung y su trabajo fue conocido como La Escuela de la Forma. Un siglo más tarde, un grupo de letrados en la materia, fundó otra escuela de Feng Shui, la que enfatizaba la importancia de la direccionalidad geográfica en las decisiones relacionadas con la arquitectura. Esta corriente llegó a conocerse como la escuela del Compás.

Este libro que hoy tiene en sus manos, no es un sumario de textos antiguos; es una guía práctica para lograr que su casa se convierta en un sitio saludable y lleno de buenos auspicios. Nuestra cultura occidental, reconoce a las enfermedades como dolencias o achaques humanos, pero jamás se le ocurriría pensar que un buen número de dichas dolencias, puedan ser provocadas por nuestra vivienda. *La antigua visión China, enraizada en una consciencia más global, reconoce que existe interdependencia entre las enfermedades y nuestro hábitat.*

Usted es afortunado por haber escogido a uno de los mejores guías para su viaje al fascinante mundo del Feng Shui, ya que el Dr. Ronald Lorenzana, combina magistralmente la sabiduría del Este, con el análisis y razonamiento lógico del Oeste. Concilia como ninguno, los elementos del mundo moderno con el uso de añejos y pintorescos métodos, muy propios del folklore chino; pero que han demostrado ser muy efectivos. La formación académica del Dr. Ronald Lorenzana avala la seriedad con que se aborda un tema tan fascinante y a la vez de tanta trascendencia para la vida de muchas personas. El Dr. Ronald Lorenzana, estudió Ciencias Jurídicas y Sociales en la Universidad San Carlos de Guatemala; es Médico de Naturopatía, por Clayton University of Alabama, es además un excelente Acupunturista en el Estado de Florida y un estudiante muy dedicado en el campo de las Medicinas Alternativas, lo cual me enorgullece y satisface, no sólo como su Maestro, sino también como su amigo.

Lo único que me resta decirle es que tenga cuidado en su viaje por el conocimiento del Feng Shui y evite el estrecho pragmatismo y los prejuicios, que en un momento dado, le puedan impedir obtener los beneficios que ésta disciplina ofrece a quien la pone en práctica. Recuerde que muchas veces, por tratar de observar minuciosamente un pino, corremos el riesgo de no apreciar el esplendor y belleza del bosque entero. Lao Tse nos recuerda que algunas veces se requiere que nuestra atención se enfoque en lo indescriptible, elusivo e intangible.

"Cincelamos las puertas y ventanas para construir una casa, haciendo habitable el espacio interior. De esa forma creamos lo que se usa y lo que no."

Lao Tse

Ralph Alan Dale
Ed.D.,Ph.D.,C.A.,Dipl.Ac.
Miami, Florida 27 de Junio de 1996.

INTRODUCCIÓN

Muchas veces hemos meditado sobre la posibilidad existente de que algunos acontecimientos en nuestras vidas que nos parecen extraños e inexplicables puedan ser producto de la simple casualidad o de un destino ineludible y cruel. Pero casi nunca se nos ocurre pensar que la inarmonía con nosotros mismos y con lo que nos rodea pueda ser la causa de que en ocasiones las cosas no marchen como quisiéramos. Tratamos por diferentes medios de justificar que la adversidad o el dolor son algo totalmente fortuito y ajeno a nuestro control. Jamás imaginaríamos que la causa de nuestros problemas se pueda encontrar en la casa que habitamos.

Yo al igual que mucha gente pensaba que una buena educación, una posición social elevada y por ende una buena solvencia en lo económico, serían elementos suficientes para poder sortear los problemas de la vida con relativa facilidad. En un momento de mi vida me llegué a encontrar en la cumbre del éxito social y profesional; me sentía capaz de lograr cualquier cosa que me propusiera. Inexplicablemente una serie de calamidades se volcaron sobre mí: enfermedades, accidentes, fuga de dinero, deterioro en las relaciones familiares. Me hallaba muy abatido y sin una posible solución a mi alcance, fue entonces cuando una amiga mía de origen oriental me aconsejó que revisara mi casa pues con toda seguridad algo que había en ella estaba propiciando un mal *Feng-Shui* y afectaba a los que la habitábamos. Usted querido lector tal vez imagine mi reacción: en principio de escepticismo. ¿Cómo una casa puede ser el origen de problemas tan serios y sin aparente explicación lógica?. Pero después el afán de conocer la respuesta se hizo presente. Por motivo de mis estudios en Acupuntura y Medicina Tradicional China, me pude percatar de que *para los orientales todo en el universo está interconectado y se gobierna por la armonía de los opuestos;* ahora sólo restaba averiguar qué era *Feng-Shui* y en qué parte de la casa se colocaba —tal era mi ignorancia en la materia—.

Empecé por buscar libros relacionados con el tema pero en aquella ocasión únicamente encontré uno o dos ejemplares de contenido muy superficial y difícil comprensión. Al poco tiempo llegó a mis manos una invitación para asistir a un curso intensivo en un lugar cercano a la ciudad de Nueva York, cuyo tema sería el *Feng-Shui* presentado por el profesor Lin Yun. Era una oportunidad que no podía desaprovechar.

Fue un evento que cambió totalmente mi percepción de la existencia; sólo entonces comprendí que el lugar donde vivimos es como nuestra segunda piel, el planeta nuestra morada común y que todo lo que sucede en él, también nos afecta. De igual modo las paredes, el piso, forma del techo, color y mobiliario de nuestro hogar a la vez que el espacio circundante influyen de manera determinante en nuestras vidas. Ahora sabía que el *Feng-Shui* no es algo que se compra en la tienda; entendí que es el aspecto de una milenaria sabiduría la cual nos ayuda a conseguir la armonía con nosotros mismos y con lo que nos rodea. También pude aprender que *el cambio más importante de todos comienza desde nuestro interior y mientras éste no se logre, los cambios externos que realicemos no funcionarán adecuadamente.*

Mi sed de conocimiento acerca de éste antiguo arte chino y su acción sobre los seres vivos me llevó a profundizar en el estudio de sus orígenes, teorías y distintas modalidades o escuelas además de la religión, filosofía, arte y arquitectura oriental. Pude constatar que la belleza, armonía, respeto y reverencia por la naturaleza son una constante, presente en todas estas disciplinas. El estudio tenaz, la experimentación y el contacto con varios maestros de origen oriental —de entre ellos cabe destacar a Lin Yun, Mantak Chia y Hua -Ching Ni — son los pilares que sustentan mi saber.

Mi decisión de difundir ésta enseñanza tiene como objetivo lograr que las personas mejoren su manera de vivir y obtengan beneficios no solo en lo material, sino también en el campo espiritual.

Estoy consciente de la responsabilidad que esto implica y es por eso que soy muy respetuoso de los ritos y tradiciones de la escuela **Feng Shui del Sombrero Negro** a la cual pertenece el Profesor Lin Yun y quien dicho sea de paso, re-side en el 2959 Russell Street, Berkeley Ca. 94705. Teléfono (510) 841 3247, en donde tiene el templo que lleva su nombre, y ahí las personas que lo ayudan se mantienen muy atareadas por todas las actividades que genera el Feng Shui que él enseña.

A causa de mi origen latino por haber nacido en Guatemala, me incliné por compartir este conocimiento con personas de habla hispana y el primer país al cual viajé a impartir seminarios fue México en donde me recibieron con los brazos abiertos y en el que tengo la fortuna de contar con muchos amigos y estudiantes quienes hicieron del *Feng-Shui* parte importante de sus vidas.

Desde finales de 1988 he estado viajando con regularidad a ese hermoso país para impartir conferencias y seminarios en lugares como: Ciudad Juárez, Monterrey, Tijuana, Querétaro, Mazatlán, Mérida, Colima, Guadalajara y la Ciudad de México, pero siempre mis amigos y estudiantes me comentaban que la información en castellano era muy escasa y que a causa de lo complejo de ciertos conceptos, los cuales son necesarios para comprender y manejar de forma conveniente ésta disciplina, se requiere de literatura al respecto. Fue entonces cuando tomé la decisión de poner por escrito mis conocimientos y es preciso advertir que éste libro no pretende ser un tratado erudito sobre la materia, sino la exposición de mi trabajo, investigación y recopilación de vivencias personales y la de varios de mis alumnos que asisten a los cursos. También se encontrará con algunas referencias del continente americano al que he tenido la oportunidad de viajar y así comprobar las teorías del *Feng-Shui* con relación al entorno y ubicación geográfica. Esto me sirve para demostrar que éste saber y su aplicación no se circunscriben únicamente al territorio chino.

Mi intención no es sólo transcribir lo que se puede encontrar en otros ejemplares, por lo que siempre trato de ir mas allá de la aplicación pasiva y no conformarme con lo ya experimentado. En ésta práctica una persona ha sido clave para mis trabajos y quiero dejar constancia de un agradecimiento especial para el Dr. Ralph Alan Dale quien además de honrarme con el prefacio para este libro, es fuente inagotable de conocimientos y que gracias a su gran calidad humana no escatima en compartirlos con este humilde servidor. También aprovecho este espacio para agradecer infinitamente y rogar a Dios que derrame abundantes bendiciones a las siguientes personas sin las cuales este modesto trabajo no estaría ahora en sus manos estimado lector. En primer lugar a mi esposa y mis hijos por la comprensión durante los días enteros que pasé frente al teclado de la computadora y las ausencias producto de mis viajes para impartir cursos.

Al Arq. Alfredo Cárdenas De La Mora, una excelente persona y verdadero profesional en su trabajo además de un apasionado en los temas sobre desarrollo espiritual y quien elaboró los planos de la casa más cercana a lo ideal , que aparecen en la parte final de este libro; a los Ingenieros en Sistemas Computacionales Juan Ramón Silva Marcial, por el ordenamiento e impresión del material para su revisión y a Raúl Quijas S. quien dió forma a la idea; al Arq. David Naranjo Jiménez. por la elaboración de las montañas y edificios de los cinco elementos; al joven diseñador Víctor Mangas por la elaboración artística del Bagua en la página 50; a la Srita. Lic. en Diseño Gráfico, Viviana Hernández, de la Cd. de México, quien con una creatividad maravillosa hizo el diseño y preparó toda la obra para llevarla a su impresión; al Dr. Juan José Puerto Selem, por su valiosa ayuda en la revisión de la estructura gramatical y estilo, y al Profesor Hsinpo Chen y su esposa Yan Chen por la elaboración de la caligrafía del nombre de este libro en Chino.

Mención aparte merecen la Sra. Susana Coral, Dra. Adriana Coral, Sra. Karina García, Srita. Susana Becerra, Sra. Mercedes Figueroa, Sra. Rebeca Valverde; al Sr. Vidal Torres y Familia, al señor Carlos Fong y su esposa Ely, a la Sra.Genobeba García, Dora Bañuelos y al Sr. Kurt Schurenkamper, quienes forman mi equipo de colaboradores y son los responsables directos de impulsar y supervisar no sólo mis cursos, sino también en lograr que éste proyecto llegara a su culminación. Por último al Sr. Jesús Ruiz que ha estado colaborando muy de cerca en los detalles del libro y comparte con un servidor la responsabilidad de lo aquí expuesto.

A continuación quiero compartir la siguiente plegaria del Maestro Hindú Sai Baba, la cual refleja mi sentir y gratitud hacia Dios.

¡ Oh, Señor !
Toma mi amor y déjalo fluir en plenitud y devoción hacia ti.

¡ Oh, Señor !
Toma mis manos y déjalas trabajar incesantemente para ti.

¡ Oh, Señor !
Toma mi alma y déjala volverse una contigo.

¡ Oh, Señor !
Toma mi mente y mis pensamientos y déjalos estar en sintonía contigo.

¡ Oh, Señor !
Toma mi todo y déjame ser un instrumento para trabajar.

Con Amor y Gracia -Baba

Ronald E. Lorenzana
Miami, Florida
Primavera de 1996

PRIMERA PARTE

GENERALIDADES

CAPÍTULO PRIMERO

ORÍGENES

Traducido del idioma Chino, **"Feng"** significa aire, **"Shui"** significa agua. Ambos términos expresan totalidad, puesto que se trata de los dos elementos más importantes para la existencia de vida en el planeta. En esencia el Feng Shui es el arte de equilibrar, balancear, mejorar o embellecer el medio ambiente donde viven y trabajan los seres humanos, basándose fundamentalmente sobre las premisas del pueblo chino en el que se conjugan factores: filosóficos, religiosos, folklóricos e históricos a la vez que se incorporan conocimientos científicos y tecnológicos del mundo moderno.

Desde los albores de la prehistoria el hombre primitivo buscó el lugar o cueva más segura y confortable para vivir y protegerse de las inclemencias del tiempo, animales salvajes o de sus propios congéneres que en ocasiones se mostraban hostiles. Desde entonces y sin estar consciente de ello el hombre empezó a utilizar de forma rudimentaria e intuitiva, los principios básicos del Feng Shui.

En hallazgos arqueológicos se ha podido demostrar que la región al Sudoeste de Pekín ya se encontraba habitada desde hace unos 500,000 años y de ahí esos grupos Protohumanos se extendieron por una amplia zona de Asia a lugares donde actualmente se localizan Manchuria, Mongolia, El Turquestán Ruso y Siberia; después de varios centenares de miles de años y como consecuencia de las glaciaciones Europeas, se originaron en el Este de Asia fuertes vientos que asolaron las regiones del Sinkiang y Mongolia dando lugar a los desiertos de Takla Macan y Gobi. La población se vió obligada a emigrar hacia el Sur instalándose en torno al río Wei (Shenxi actual) y el valle medio del río Amarillo desarrollando una agricultura muy avanzada para su tiempo, así como la domesticación del cerdo, el perro y aves de corral además de poseer instrumental de piedra y hueso, junto con una cerámica muy peculiar. Hacia el año 3,500 a.C. comienza el período Neolítico y entre los años 2207 y 1766 a.C. en plena edad de Bronce se ubica la primera Dinastía de los Xia o Hsia considerada mítica y de la cual solo se conservan los nombres de sus Soberanos.

De éstos es importante destacar a dos de ellos: **Huang Ti** (El Emperador Amarillo) de quien se dice comenzó a registrar los hechos históricos; se le atribuye la invención del ladrillo, el calendario, la compilación del primer tratado de Medicina y Herbolaria, utilizó el sistema de los cinco elementos (Agua, Madera, Fuego, Tierra y Metal), el cultivo del gusano de seda y el uso de diversos instrumentos musicales. El otro gran Emperador fue **Fu Hsi** quien se supone enseñó a la gente como pescar con redes, inventó la escritura ideográfica y el sistema cosmogónico de los ocho trigramas o **Ba-Gua**. Se decía de éste Emperador que: *"Mirando hacia arriba contemplaba las imágenes de los cielos y viendo hacia abajo observaba las formas de la tierra, lo cual le hacía comprender que las leyes de la naturaleza y las grandes fuerzas cósmicas ejercen una poderosa influencia sobre uno y todo lo que existe."*

Dentro del campo de su propia evolución Fu Hsi vio que el Feng Shui servía para santificar las vidas de su gente y armonizarlas con los modos y ritmos de la naturaleza, dándoles un sentido de seguridad y continuidad.

A los cinco Emperadores de ésta Dinastía se les denominó **Wu Ti** que significa precisamente *"Cinco Soberanos"* y que algunos consideran como una alegoría de los cinco elementos (wu hsing) de la concepción filosófica china.

El pueblo Chino y en especial los habitantes del Sur, en los valles medios e inferiores del río Yangzi desarrollaron un sentido muy especial de comunión con la naturaleza. La observación de los alrededores, los fenómenos atmosféricos y los ciclos estacionales fueron parte importante de sus vidas, ya que sus cosechas dependían de ello. Poseían un respeto y reverencia muy singular por el entorno, llegando incluso a mirar al cielo y a la tierra como dos grandes Dragones que se encuentran constantemente inhalando y exhalando energía o **chi**, ya que la vida y bienestar de los seres humanos dependen de la calma o bravura de estos animales sagrados.

Cuando se planeaba cualquier actividad o construcción de puentes, casas, edificios y trazado de caminos siempre se buscaba no herir la *"carne del Dragón"*, porque estaban conscientes que si construían algo sin tomar en cuenta la armonía con lo que les rodeaba, el precio que tenían que pagar sería muy alto y de consecuencias terribles para la comunidad.

La teoría sistemática del Feng Shui fue elaborada por un letrado muy célebre llamado **Kuo P'o** (276-329 d.C.) y en la cual se explicaba que las influencias telúricas y atmosféricas actúan sobre los vivos según el emplazamiento de sus viviendas y sobre los muertos según la ubicación de sus tumbas. No fue sino hasta el siglo IX d.C. cuando éstas teorías se pusieron por escrito y se formaron las dos grandes escuelas o corrientes de éste arte. La primera se constituyó como la escuela de la Forma de Kiangsi por **Yang Yun-Sung** (840-888 d.C.) quien era consultor del Emperador **Hi-Tsung** y cuya teoría establece que si un lugar es bueno para ubicar una ciudad, una casa o una tumba, es necesario observar los alrededores del lugar y establecer la forma que tienen las montañas, la dirección y cauce de los ríos, la localización de las venas de Dragón o **Lung Mei**, los efluvios Yang y corrientes Yin y la disposición de los cinco elementos en las inmediaciones. Entre los Clásicos de ésta escuela tenemos: El Clásico del Dragón en movimiento, El significado de los secretos del Universo, El Canon de la aproximación de los Dragones y El Método de las doce líneas quebradas con el que se aprende a determinar el lugar más benéfico para construir y vivir, al que se llama *"La Morada del Dragón"*.

Un siglo más tarde **Wang Chih** fundó la escuela del compás o método Fukien el cual se vale de la brújula o **Lo P'an** (vease pág. 30) en donde se encuentran el Ba-Gua, los Cinco Elementos, los Cuatro Animales Emblemáticos Chinos, las Constelaciones, los Planetas y la ubicación de la Estrella Polar, que para ellos es muy importante ya que el Emperador ocupa el centro del mundo justo debajo de ésta estrella pues permanece inmóvil mientras las otras estrellas se mueven en torno a ella, representando así el orden cósmico.

A partir de entonces el Feng Shui se puede encontrar manifiesto en muchas construcciones chinas y en la ubicación y distribución de ciudades y monasterios. Se dice incluso que la misma Ciudad Prohibida en Pekín se diseñó siguiendo las normas que marca el Feng Shui. Este arte se mantuvo vigente en todo el territorio chino y en las naciones vecinas que se vieron influenciadas por ésta milenaria cultura, siendo incluso objeto de sincretismo con otras religiones y filosofías que lo enriquecieron. Los principales poseedores de éste conocimiento fueron sacerdotes o monjes Budistas y Taoístas quienes se encargaron de darle un aspecto místico y conservaron éste saber hasta nuestros días, pues con la aparición de la Revolución Popular y Cultural China en 1949, se trató de erradicar la religión y filosofías que no fuesen afines al pensamiento comunista. La represión resultó muy cruel contra todo lo que de alguna manera estuviese vinculado con el pensamiento y costumbres del viejo régimen imperial, considerando algunas de éstas prácticas como tontas e inútiles supersticiones. Esto obligó a muchos expertos de Feng Shui a permanecer en el anonimato e incluso a emigrar de la República Popular China.

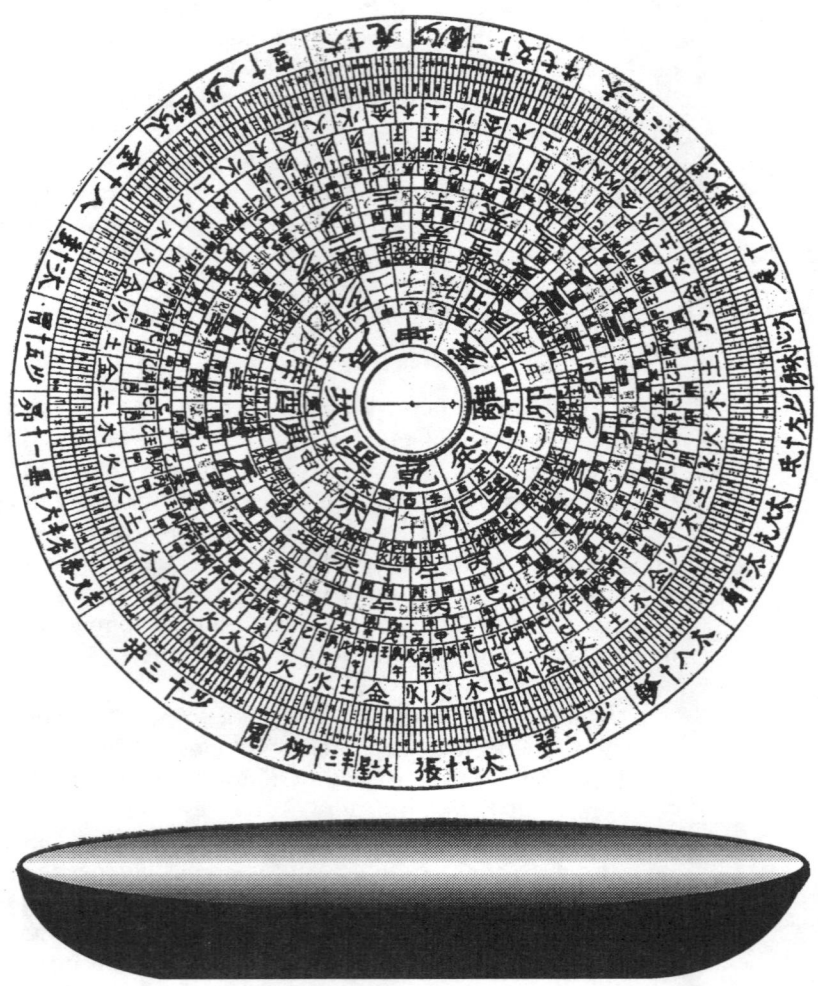

El Compás

En la actualidad podemos encontrar expertos maestros de ésta disciplina en lugares como Hong Kong, Corea, Tailandia, Filipinas, Taiwan y Singapore, aplicando sus ancestrales conocimientos para asesorar a quien se los solicite. De entre estos maestros debo mencionar al Profesor **Lin Yun** quien es el responsable de la difusión del Feng Shui en Occidente y de quien tengo el honor de haber sido su alumno.

El Profesor **Lin Yun** reside actualmente en Berkeley California pero constantemente se encuentra viajando por el mundo impartiendo seminarios y asesorando a diversas compañías, empresas, negocios y cadenas hoteleras. Ha dictado conferencias en la sede de las Naciones Unidas y en Universidades como: Yale, Harvard, Iowa, MIT, Berkeley y San Francisco State. La difusión de ésta disciplina está teniendo un auge importante en occidente y ya es utilizada por Arquitectos, Ingenieros, Decoradores y también por poderosas corporaciones internacionales con bastante éxito. Desgraciadamente y como en muchas otras prácticas alternativas, el Feng Shui no está exento de gente sin escrúpulos que se aprovechan de la buena fe de las personas, exhibiéndose a sí mismos como expertos conocedores del Feng Shui por el simple hecho de haber tomado un curso o haber leído algunos libros sobre éste tema; en el peor de los casos, estas personas poseen tan poca creatividad, que utilizan el mismo material de los cursos que tomaron y con esos estructuran los propios. El dar un consejo o "cura" como le llamamos dentro del Feng Shui implica una gran responsabilidad para quien lo da, como para el que lo recibe. Quien decide dedicar su vida al Feng Shui debe aprender de un Maestro calificado y estudiar e investigar mucho, además de cumplir con ciertos requisitos especiales y ritos que le marca la tradición; por lo tanto yo le aconsejo que sea cuidadoso pues una mala asesoría puede perjudicarle más que traerle beneficios.

Esta breve panorámica del origen y desarrollo del Feng Shui pretende mostrar a usted que éste antiguo conocimiento puede ayudarle a mejorar su estilo de vida y encontrar la armonía con usted mismo y con los que le rodean, lo demás llega por añadidura. A continuación le expondremos los principios filosóficos que son parte importante de las herramientas necesarias para comprender y aplicar el milenario saber del Feng Shui.

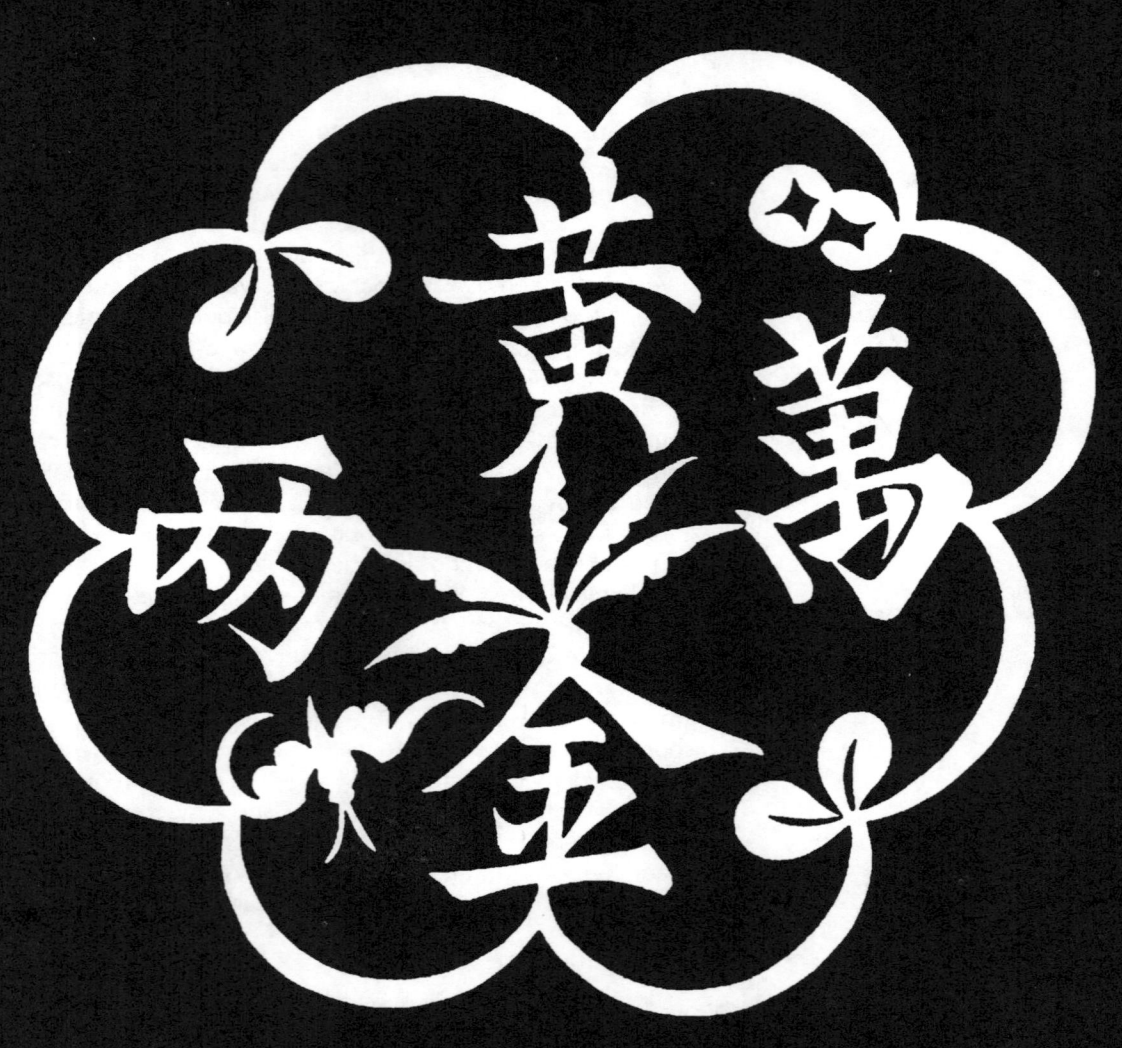

CAPÍTULO SEGUNDO

PRINCIPIOS FILOSÓFICOS

Como lo mencionamos en el capítulo anterior, el Feng Shui se fundamenta en los principios de la filosofía oriental y particularmente en los del pensamiento chino; por eso creo importante exponer de manera general los conceptos más valiosos que nos ayudarán en la comprensión y correcta aplicación de este arte, además que estaremos refiriéndonos constantemente a ellos a lo largo de este libro.

Tres son las principales corrientes de pensamiento de las que se nutre el Feng Shui; *El Confucianismo, El Taoísmo y el Budismo*, los cuales se fueron gradualmente sincretizando con el folklore y la religión popular hasta formar un todo y que en ocasiones resulta difícil de diferenciar donde empieza una y termina otra corriente de pensamiento.

El lapso entre el Emperador Huang Ti de la dinastía de los Zhou (no confundir con el Emperador Amarillo) y el fin del período de los estados combatientes marcó una época muy importante en la historia china. En las postrimerías de ésta dinastía la decadencia en lo moral, político y social fue más que evidente dando como resultado el nacimiento de corrientes de pensamiento filosófico muy originales. Este período es conocido como el de **"Las Cien Escuelas de Filosofía"**.

Confucianismo.- Los intereses de Confucio eran principalmente los del estadista y del maestro de ética; poniendo énfasis en las relaciones y la dignidad del hombre. Buscaba la consecución de un buen gobierno y sostenía que esto era posible de lograr retornando a los métodos de los grandes gobernantes de la antigüedad y sus modelos morales. Como consecuencia se dedicó junto con sus discípulos al estudio y observancia del antiguo ritual y al cultivo de la rectitud como modelo para salvar la sociedad. La recopilación más completa, aunque no la única, de las enseñanzas de Confucio se encuentran en las Lun Yü o "Analectas", formadas principalmente por las sentencias y máximas del maestro.

Uno de los aspectos que en lo personal más admiro del legado de Confucio es el respeto por la familia y las relaciones humanas dentro de la sociedad; esto era posible si se practicaban las nueve virtudes dobles que son: ser amable y digno, suave y firme, recto y cortés, amante del orden y respetuoso, dócil y valiente, sincero y afable, discreto y mesurado, fuerte y formal, valeroso y justo. Además también debían seguirse las diez maneras de comportarse: Amor del Padre; Respeto filial del hijo; Afabilidad del hermano mayor; Humildad y respeto del hermano menor; Equidad del esposo; Obediencia de la esposa; Consideración humana de los ancianos. Respeto de los jóvenes; Benevolencia de los señores y Fidelidad de los súbditos.

Por lo anterior nos damos cuenta que la Escuela Confuciana fue la creadora del humanismo chino.

YIN YANG

El Taoísmo.- La otra gran escuela de pensamiento chino es el Taoísmo y su nombre proviene del Tao, un antiguo término que utilizaban los seguidores de ésta filosofía para representar la gran realidad que sostiene y llena el universo. Se afirma que el conocimiento del Tao no se logra con la razón y el estudio, sino por la vía mística de la contemplación e iluminación interior. La naturaleza quedaba idealizada y los taoístas tratabán de fundirse con ella.

Una de la principales figuras del taoísmo es **Lao Tzu** (604 - ? a.C.), al que se considera como fundador de esta corriente de pensamiento, aunque se tienen noticias del taoísmo, anteriores a la aparición de Lao Tzu; lo que sucede es que el anciano maestro fue el primero que compiló por escrito en un volumen de cinco mil caracteres la esencia de su sabiduría acerca del Tao y al que se conoce como el **Tao Teh Ching.**

Los conceptos taoístas son fundamentales para entender la naturaleza del Feng Shui por lo que me permito transcribir algunos pensamientos del sabio maestro Lao Tzu:

"Cuando el hombre obtenga la armonía con el Tao será cuando pueda tener Paz e Iluminación".

"La relación entre el hombre y la naturaleza no es externa sino orgánica e indisoluble... Cuando el hombre anda por malos caminos, el cielo se indigna y la tierra no fructifica. El hombre y la tierra forman una gran unidad y un gran universo".

Tao: Literalmente se traduce como *«La vía» «El camino»* y se identifica como ***"La última realidad trascendente"***, es lo absoluto; lo eterno; lo preexistente a las formas, al cielo y a la tierra; misterioso, insondable e imposible de nombrar. Podríamos decir que Tao es la quintaesencia y la totalidad del orden universal.

Yin-Yang: Después de arduas observaciones y silente contemplación, el hombre llegó a comprender las complejidades que rigen todo fenómeno cambiante. En todas partes se manifiestan ciclos rítmicos de opuestos que se alternan, —*"nada es estático, en todo existe movimiento"*—. A partir de éstos ciclos rítmicos entre polos opuestos, los antiguos chinos establecieron el concepto filosófico del Yin y del Yang, que se entienden como dos fuerzas opuestas, pero a la vez complementarias, que en su interacción se transforman sin cesar la una en la otra. Es la idea de que todo lo que existe se puede encerrar en una dualidad. Veamos algunos ejemplos:

YANG	YIN
• El hombre	• La mujer
• El sol	• La luna
• El día	• La noche
• El cielo	• La tierra
• La vida	• La muerte
• Calor	• Frío

Los aspectos de los cambios de Yin y Yang se pueden asociar a los diversos estados del agua. En el punto de ebullición, el agua se convierte en vapor y genera mucha energía, esto es Yang. En el punto de congelación, el agua se transforma en hielo y llega a su estado de quietud, aunque no de menos poder, esto es Yin.

Chi: traducido del idioma chino significa; vitalidad, espíritu, aliento o energía cósmica. En términos generales se puede decir que chi es el hálito de vida, es la energía biológica que mueve nuestros cuerpos. Es el elemento que rodea al hombre y que lo une al cosmos.

Los cinco elementos: Si la teoría del Yin y el Yang como componentes del Tao, está destinada a explicar el movimiento del mundo, la de los cinco elementos o agentes (wu-hsing) concebidos también como las cinco virtudes o cinco eficacias (wu-te), es la que nos enseña con más profundidad las relaciones cosmológicas entre el hombre y el universo. Estos cinco elementos son fuerzas activas que en orden de sucesión se reproducen uno al otro a la vez que proporcionan en correspondencia con los cuatro puntos cardinales y el centro, una ordenación del espacio, tiempo, órganos del cuerpo, los colores y muchas otras cosas. Los cinco elementos aparecen ya en *"La Gran Regla"* (Hung-fan)del libro de los anales y son: **madera, fuego, tierra, metal y agua.**

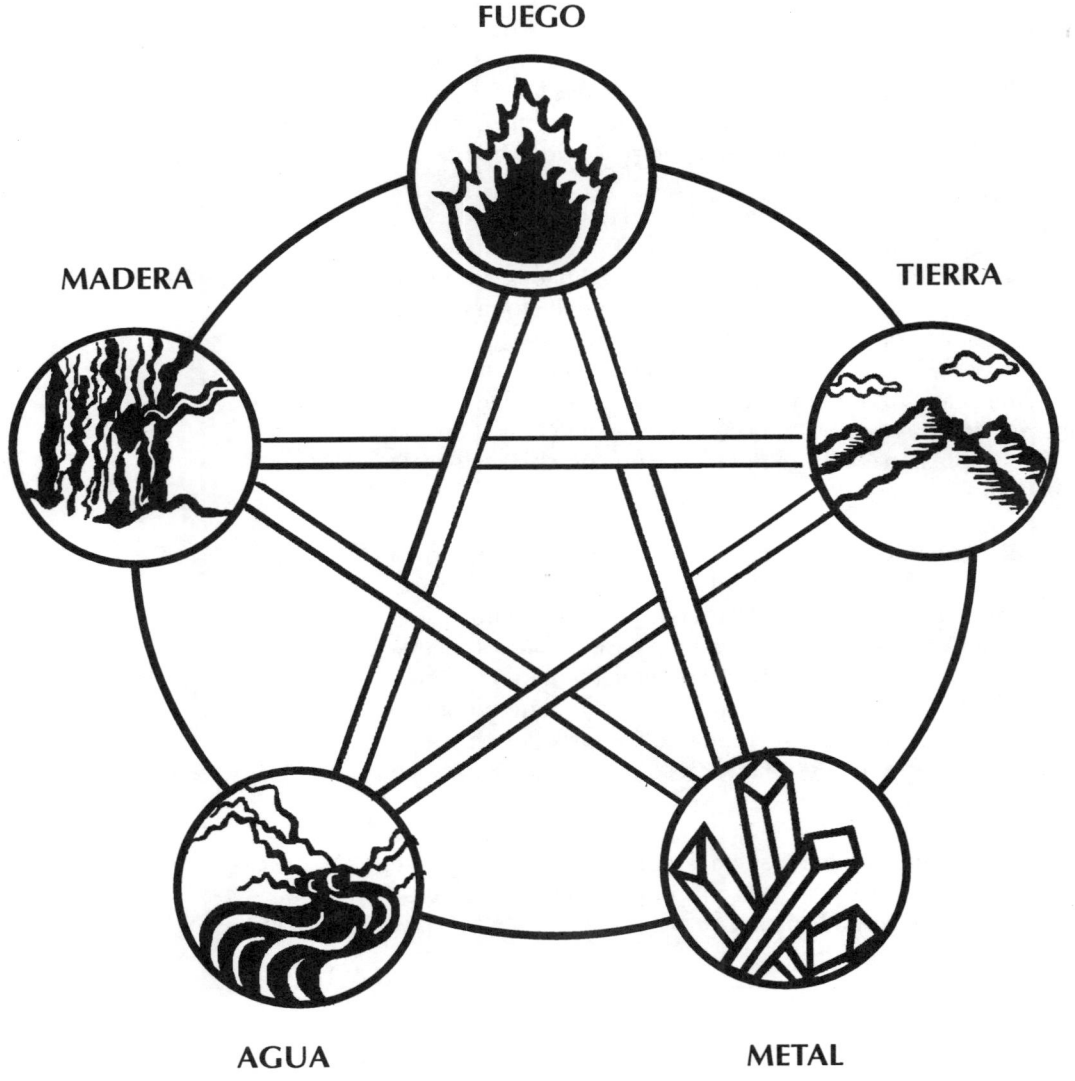

FUEGO

MADERA

TIERRA

AGUA

METAL

Diagrama de los cinco elementos

I-Ching: El libro de las mutaciones

(I-Ching) gozaba de gran estima entre taoístas y confucianos. En el Lun-Yü se dice que Confucio ya de avanzada edad, pidió al cielo unos pocos años más para terminar su largo estudio del I-Ching. Desde la antigüedad fue considerado, por una parte como libro de teoría metafísica y por otra como manual de adivinación; dos concepciones que no se contradicen, sino que resultan en el fondo complementarias. En éste tratado encontramos la explicación de los Ocho Trigramas (Ba-gua) y de los sesenta y cuatro Hexagramas, que representan el universo y todo lo que existe.

El apéndice del I-Ching llamado Hsi-chu declara: «La Gran Techadumbre o Supremo Ultimo (Ta´i Chi) produce las dos modalidades (Yin-Yang); las dos modalidades producen los tres tesoros (esencias, entre las que se encuentra el chi), los tres tesoros dan origen a las cinco actividades (los cinco elementos). De las cinco actividades nacen los ocho trigramas (Ba-gua) que determinan lo fasto y lo nefasto, siendo así la imagen del universo y del destino de los hombres. No sólo son la expresión de la realidad; según los chinos, son la realidad misma».

El Budismo.- Otro de los hitos importantes en el pensamiento chino fue la entrada en escena del Budismo, el cual nació de una corriente heterodoxa frente al Brahmanismo de la India - su país natal - y que tuvo casi de inmediato una expansión inusitada. Su doctrina se fundamenta en la forma de terminar con el dolor humano y que la muerte no puede solucionar, ya que la eterna rueda de Samsara (interminable ciclo de reencarnaciones), la única solución es encontrar en vida la iluminación.

El príncipe Shidarta Gautama quien en el siglo V a.C. se convirtió en el Buda al lograr la iluminación; expuso las **"Cuatro nobles verdades"**.

- La vida es sufrimiento.
- La causa del sufrimiento es el deseo.
- Terminando con el deseo, se termina con el sufrimiento.
- El deseo termina siguiendo el Octuple Sendero

Pero el Budismo no es solo la búsqueda de la liberación personal; también es el cultivo del amor universal y por ende de la compasión a la vez que se obtiene el autoconocimiento y el de los demás. Dentro de la visión budista, la más importante aunque no la única es el entendimiento y aceptación de la **Ley del Karma.**

Karma en sánscrito quiere decir acción y nos enseña que no importa lo que se haga, cada uno de nuestros actos conocerá su justa retribución, por lo que la suerte actual de un individuo está determinada por lo que ha hecho en ésta o en anteriores existencias. A toda acción le sigue una reacción y podríamos comparar esto con el hecho de ir a la tienda por un refresco embotellado y que para poder disfrutar de esa bebida es lógico y necesario que debemos pagar un precio por él. Pero la Ley del Karma no debe mirarse como un castigo, al contrario es una oportunidad, ya que al nacer humanos poseemos facultades y percepción para con el uso apropiado de la voluntad y la razón entender, quiénes somos y cuál es nuestro sitio en el universo.

Estas tres grandes e importantes corrientes de pensamiento le dan base filosófica al Feng Shui y logran que éste arte sea trascendente para los que lo practican, no sólo en el plano material sino también en el plano espiritual. En el próximo capitulo explicaremos con un poco más de detalles los conceptos taoístas de chi, Yin-Yang, los cinco elementos y el Ba-gua, pero aplicados ya al Feng Shui.

CAPÍTULO TERCERO

CONCEPTOS BÁSICOS

En el anterior capítulo presentamos una visión general de las corrientes filosóficas más importantes en China y de entre ellas, los conceptos Taoístas pasan a formar parte medular del Feng Shui, por lo que a continuación los examinaremos con un poco más de detalle.

En el capítulo primero explicamos que el Feng Shui es la práctica geomántica de localizar o crear lugares idóneos para vivir y trabajar. Este arte es diferente en la forma a otros métodos y filosofías, pero el fin que persigue es el mismo; *"La armonía con la naturaleza y el universo"*, por lo que es importante el conocimiento de los principios generales o leyes naturales de la concepción tradicional China.

El cielo rige sobre la tierra.- Para esto se deben considerar las grandes luminarias (el sol y la luna), los doce signos del zodiaco, las veintiocho constelaciones, los cinco planetas y las siete estrellas de la osa mayor.

Tanto el cielo como la tierra influirán sobre todos los seres vivientes y está en manos de cada cual transformar esa influencia para obtener la mayor ventaja posible.- Esto se logra con el profundo conocimiento y manejo de la ciencia del Yin-Yang, la doctrina wu-hsing (los cinco elementos), la comprensión del I-Ching y el constante cultivo del Tao.

Los destinos de todos los seres vivientes dependen también de la buena voluntad e influencia general de los muertos.- Cuando a través del agotamiento del chi, el cuerpo se descompone, la esencia regresa al cielo (Yang) y la materia a la tierra (Yin), el ser se disuelve de nuevo en los elementos generales de la naturaleza de los que cada uno derivó su origen y cuya personificación temporal se encontraba dentro de la vida individual.

En Feng Shui debe entenderse, que en la corteza terrestre existen **Lung Mei** *«senderos o venas de Dragón»* y son de dos tipos; masculinas o positivas (Yang) y femeninas o negativas (Yin). Alegóricamente a la fuerza Yang se le denomina como

Dragón azul celeste, mientras que a la fuerza Yin se le conoce como *Tigre blanco*. Por lo tanto la situación geográfica de una vivienda es importante y la tarea del estudioso de Feng Shui es mantener la armonía entre ambas energías y su flujo tanto en el interior como en el exterior de una casa o edificio, ya que si existe algún desequilibrio, la salud y la suerte de los habitantes de ese lugar se verá afectada de manera significativa.

Tanto en el Feng Shui como en la Medicina Tradicional China, el concepto de dualidad es aplicable al ser humano y a las enfermedades. Cuando una persona en condiciones normales se encuentra llena de energía, su mente es lúcida, existe calor en sus miembros y posee un espíritu fuerte y ambicioso; el funcionamiento del Yang está en su cúspide y tiene grandes posibilidades a su alcance. En caso contrario, si a una persona le falta energía, su mente es inestable, sus miembros estan fríos, su movilidad y animosidad son desiguales de manera que su actitud ante la vida es pesimista; el funcionamiento del Yin es imperante sobre el Yang. Debemos mantener siempre armonioso nuestro Yin y Yang porque el desequilibrio produce enfermedad.

Igualmente las enfermedades también las clasificamos en Yin o Yang. **Enfermedades Yang** son aquellas que aparecen de forma brusca, violenta y destruyen a la persona en un instante, ejemplo: Un infarto cardíaco, trombosis cerebral, un accidente. Las **enfermedades Yin** por el contrario son aquellas que lenta e imperceptiblemente van manifestándose, invadiendo y afectando a la persona hasta destruirla, ejemplo: Cáncer, diabetes, S.I.D.A.

Los Taoístas estiman que toda la energía existente en el universo proviene inicialmente de una fuente suprema a la que llaman *Wu-Chi*, de la que surgen las dos grandes fuerzas del Yin-Yang y que originan las ***"Tres fuerzas puras"*** siendo la primera de ellas, la energía universal o celestial manifestada en las galaxias, estrellas y planetas nutriendo la mente, alma y espíritu del individuo. La segunda es la energía de las partículas cósmicas o del plano humano; son producto de la explosión de estrellas cuyas diminutas partículas atómicas flotan en el espacio y son atraídas por la gravedad terrestre impregnándolo todo. Por último tenemos la fuerza de la tierra, que comprende la energía de las plantas, los animales, el agua y todo lo que integra la naturaleza.

Cuando un ser es concebido en el vientre materno, ahí mismo se inicia un proceso especial, por el cual la energía cósmica producida por la desintegración de las estrellas y convertida en un polvo diminuto al que se llama Ling, ingresa gradualmente al vientre de la madre para formar al bebé y transformarse en chi; ese chi que cada uno de nosotros posee y que nos otorga nuestros rasgos característicos.

Dependiendo de la manera como circule el chi dentro del cuerpo de una persona, es la forma en que ésta actuará consigo misma y con los que le rodean. Por lo tanto el chi se divide en tres tipos y desde luego, pudiendo tener naturaleza Yin o Yang.

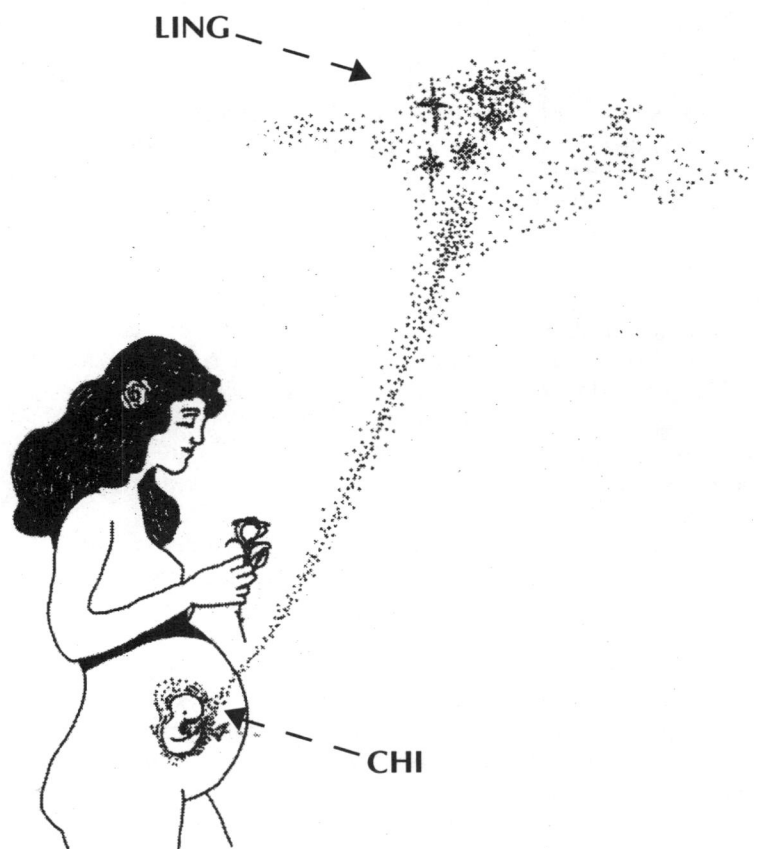

Gráfico para mostrar el Ling

El **chi normal** es aquel que fluye, ya sea dentro o fuera de nuestro cuerpo, suave y armónicamente llenando cada una de las partes, nutriendo y vivificando todo a su paso.

El **chi fuerte**, violento y agresivo se caracteriza por ser potente, excesivo y destructor; puede ser muy frío o muy caliente.

Ejemplo de esto pueden ser; un ritmo cardíaco muy acelerado, vientos muy fuertes, demasiada luminosidad, etc., se le conoce también como chi Yang.

El **chi débil** se da cuando no existe movimiento o éste es muy lento, cuando la vitalidad es baja y no produce actividad. La depresión es buen ejemplo de éste tipo de chi, al que se le llama *chi Yin*.

Cuenta una leyenda china que hace cinco mil años el mítico emperador Fu-Hsi, paseaba a orillas del río Wei, cuando súbitamente emergió de sus aguas un maravilloso animal mitad Dragón, mitad Unicornio, el cual tenía las escamas del lomo divididas en colores y símbolos geométricos muy precisos. El emperador comprendió que aquella fabulosa criatura simbolizaba el cielo y tras meditar, creó sus propias conclusiones. Su primer estudio dio origen a los ocho trigramas, después analizando la figura formada por las escamas, diseñó el trazo del río Ho-Tu, y cuando observó que en el centro de dicho símbolo se encontraban cinco puntos, mediante varias conclusiones matemáticas llegó a formular el siguiente enunciado: ***"Bajo el cielo, las leyes universales son cinco".***

Los Cinco Elementos no son considerados como materia estática, sino como procesos activos y que se derivan de la cuidadosa observación de los sucesos naturales.

En el Feng Shui al igual que en la Medicina Tradicional China, la teoría de los cinco elementos sostiene que todo en el mundo está compuesto de cinco sustancias esenciales: **Madera, Fuego, Tierra, Metal y Agua**. A continuación mostramos un cuadro con las características y asociaciones de cada uno de los elementos, para su mejor comprensión.

	MADERA	FUEGO	TIERRA	METAL	AGUA
Dirección	Este	Sur	Centro	Oeste	Norte
Estación	Primavera	Verano	Verano Hindú	Otoño	Invierno
Fecha	Mar. 21/Jun 20	Jun 21/ Sept. 20	Últimos 30 días del verano	Sept. 21/Dic.20	Dic. 21/Mar. 20
Color	Verde	Rojo	Amarillo	Blanco	Negro
Sabor	Agrio	Amargo	Dulce	Picante	Salado
Cualidad	Crecimiento	Maduración	Transición	Cosecha	Almacenaje
Órgano Yang	Vesícula Biliar	Int. Delgado	Estómago	Int. Grueso	Vejiga
Órgano Yin	Hígado	Corazón	Bazo Páncreas	Pulmones	Riñones
Animal	Dragón	Faisán Rojo	Fénix Amarillo	Tigre	Tortuga

Por ser agentes o elementos dinámicos los wu-hsing tienen dos ciclos; el principio de generación o ciclo mutuo-procedente, el cual es creativo y se le conoce como ciclo Sheng y el principio destructivo o de control, llamado ciclo Ko.

En el **ciclo Sheng**: la madera alimenta al fuego, el fuego crea cenizas (tierra), la tierra mantiene y resguarda el metal, el metal coexiste con el agua y el agua nutre a la madera.

En el **ciclo Ko**: la madera debilita a la tierra quitándole sus nutrientes, la tierra limita a el agua y la absorbe, el agua apaga el fuego, el fuego funde al metal, el metal en forma de hachas y sierras, corta y moldea la madera.

La teoría del Yin-Yang combinada con la teoría de los cinco elementos se emplea como ayuda para observar la Fisiología y Patología humanas, a la vez que sirve como guía en el análisis, diagnosis y solución a desequilibrios y problemas de Feng Shui.

Los Ocho Trigramas o Ba-gua son el número máximo de figuras que se pueden formar con dos tipos de líneas en grupos de tres. El emperador Fu-Hsi aplicó el Ba-gua al diagrama del T´ai-Chi para demostrar como interactúan Yin y Yang.

Ba-gua Xian tian

El acomodo circular de los ocho trigramas, representa el *"estado anterior del universo"* o **Ba-gua Xian tian**; representa el estado mental o sublime.

Existe otro método de acomodo de los trigramas llamado **Ba-gua Hou tian**. De acuerdo con la leyenda, fue dibujado por Chou Wen-wang (1143 a.C.) y se usa para representar *"El movimiento del universo"*, pertenece al mundo material o terrestre. Este último acomodo es el que utilizamos en Feng Shui para ubicar cada uno de los aspectos de nuestra vida y al que dedicaremos el siguiente capítulo.

Es necesario aclarar que los chinos utilizaron la brújula, no tanto para la navegación sino para definir en el suelo las direcciones e influencias fastas y nefastas mediante la aplicación del Feng Shui. Como vimos en el capítulo primero, la escuela del compás utilizaba el Lo P´an, en el que se hallaba el Ba-gua, asignándole un punto cardinal a cada trigrama; siendo la dirección de referencia principal el Sur, es por eso que en estricto apego a la orientación china, el Sur aparece en la parte superior del Ba-gua y no el Norte, como lo utilizamos en occidente.

Ba-gua Hou tian

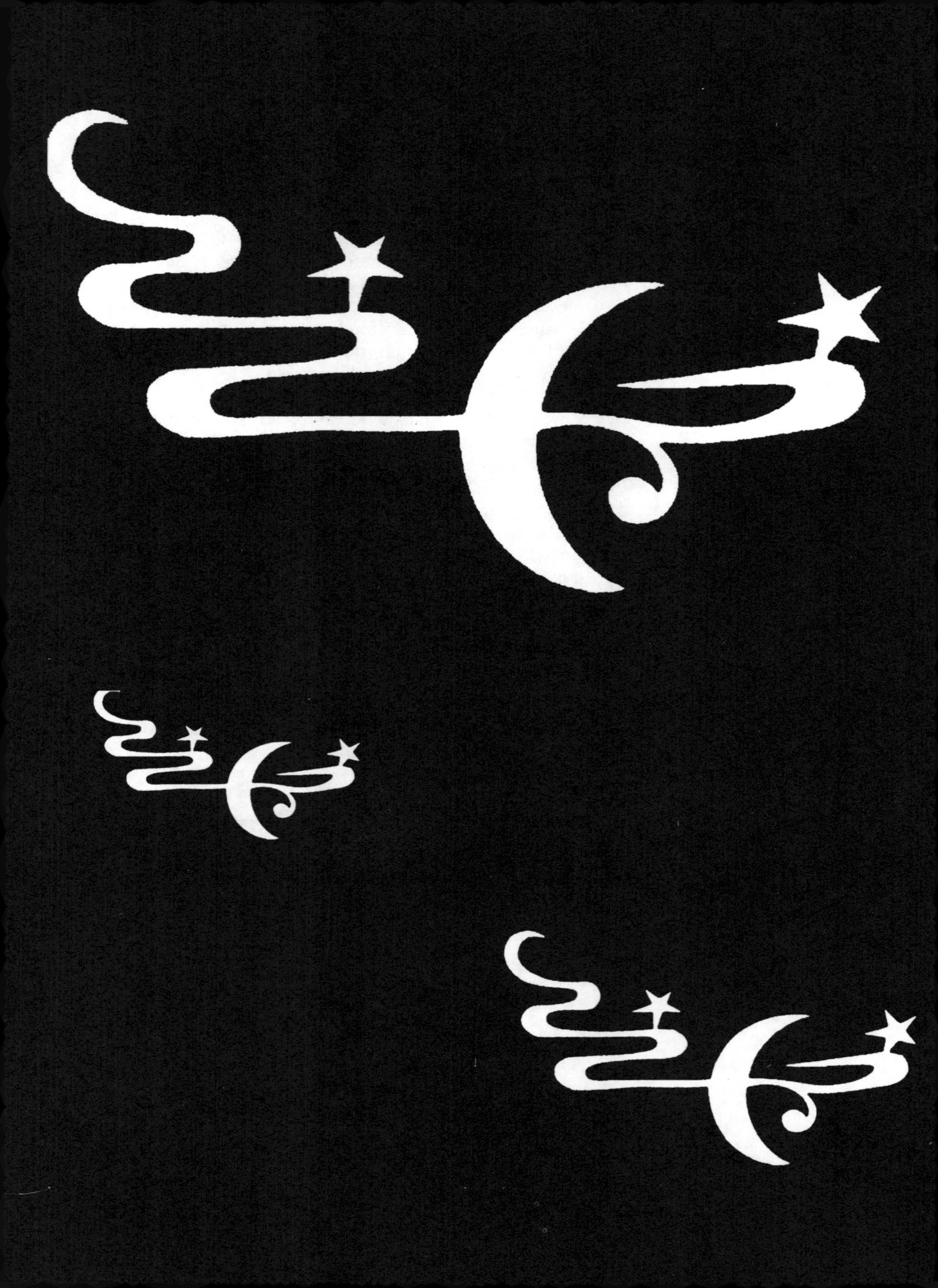

CAPÍTULO CUARTO

EL BA-GUA

La herramienta más importante e imprescindible que se utiliza en el sistema del Feng Shui es **El Ba-gua**, figura octagonal que contiene precisamente los ocho trigramas y en cuyo centro se encuentra el diagrama del T´ai Chi que representa la eternidad, el balance, lo perfecto. Cada trigrama representa un aspecto de nuestra vida que podremos ubicar en cada una de las áreas de nuestro terreno, casa, oficina o cuarto y poder así detectar problemas, desequilibrios y deficiencias de circulación del chi.

Su utilización es muy sencilla, de manera que podrá empezar a usarlo casi inmediatamente y observar en que lugares de su casa u oficina se encuentran las diferentes partes o áreas del ba-gua, esto se hace situándolo de manera imaginaria sobre el terreno, la edificación y en cada uno de los espacios (sala, comedor, cocina, recamaras, baño, etc,.) de la misma, las ilustraciones que incluimos a lo largo del libro resultan muy útiles para entenderlo.

Iniciaremos nuestro análisis en la parte superior de la figura. Esta área pertenece a la **FAMA**: su elemento es el fuego, punto cardinal Sur, parte del cuerpo que afecta o influye: los ojos; color, rojo. Continuando en la dirección que siguen las manecillas del reloj, tenemos la siguiente área que es la del **MATRIMONIO**, la parte del cuerpo que comprende son: los órganos internos y el aparato reproductor. Los colores son el rojo y el blanco. El siguiente segmento que le sigue es el área de los **HIJOS;** gobierna la boca, su elemento es el metal, color blanco, punto cardinal Oeste. A continuación tenemos el área de los **VIAJES Y BENEFACTORES**; rige la cabeza; los colores son el blanco, gris y negro. Inmediatamente después tenemos el área de la **PROFESIÓN O TRABAJO**, su elemento es el agua, punto cardinal el norte; afecta los oídos; su color es el negro. Siguiendo la misma dirección y de manera ascendente, ésta el área del **CONOCIMIENTO**; la parte del cuerpo que gobierna son las manos. El negro, azul y verde son sus colores. Continuamos con el área de la **FAMILIA Y LA SALUD**, rige los pies, su elemento es la madera, punto cardinal el Este, color

EL BA-GUA

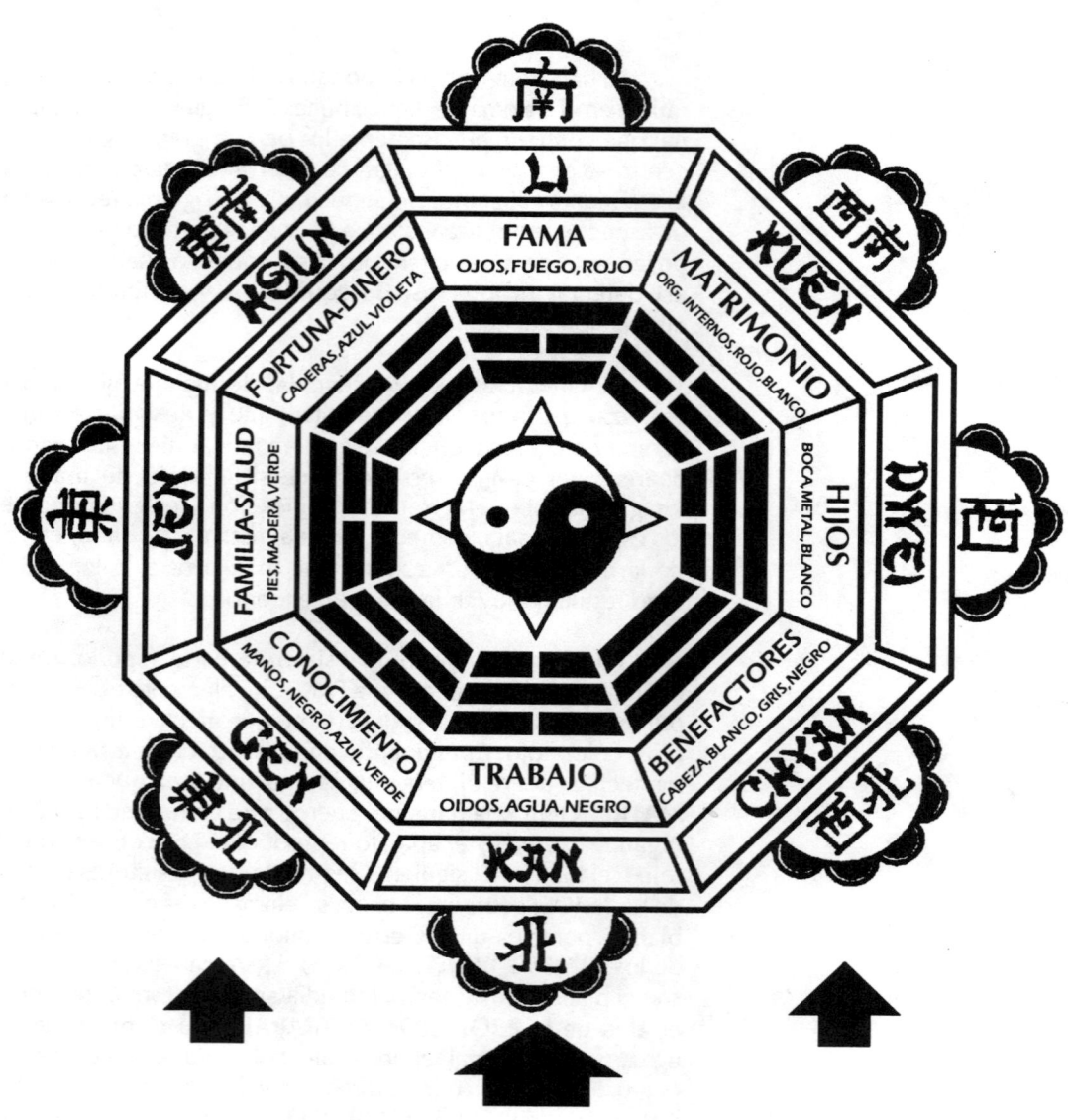

ENTRADA

verde. Y finalizando nuestro recorrido por el Ba-gua nos encontramos con el área de la **FORTUNA O DINERO**; la parte del cuerpo que afecta son las caderas y los colores asociados a esta área son el azul y el violeta.

En el sistema Feng Shui que exponemos en este libro utilizamos lo que el maestro Lin Yun llama *"Teoría de la boca del Chi"*. Como nos pudimos dar cuenta al leer los orígenes, en el Feng Shui tradicional, la dirección y acomodo de una vivienda en relación a los puntos cardinales es determinante y absoluta. El Profesor Lin, basado en sus muchos años de estudio y práctica de éste arte, pudo adecuar los elementos fundamentales del Feng Shui para aplicarlos de una manera sencilla a la forma de vida occidental. Como sabemos, en occidente no siempre tenemos la oportunidad de poder

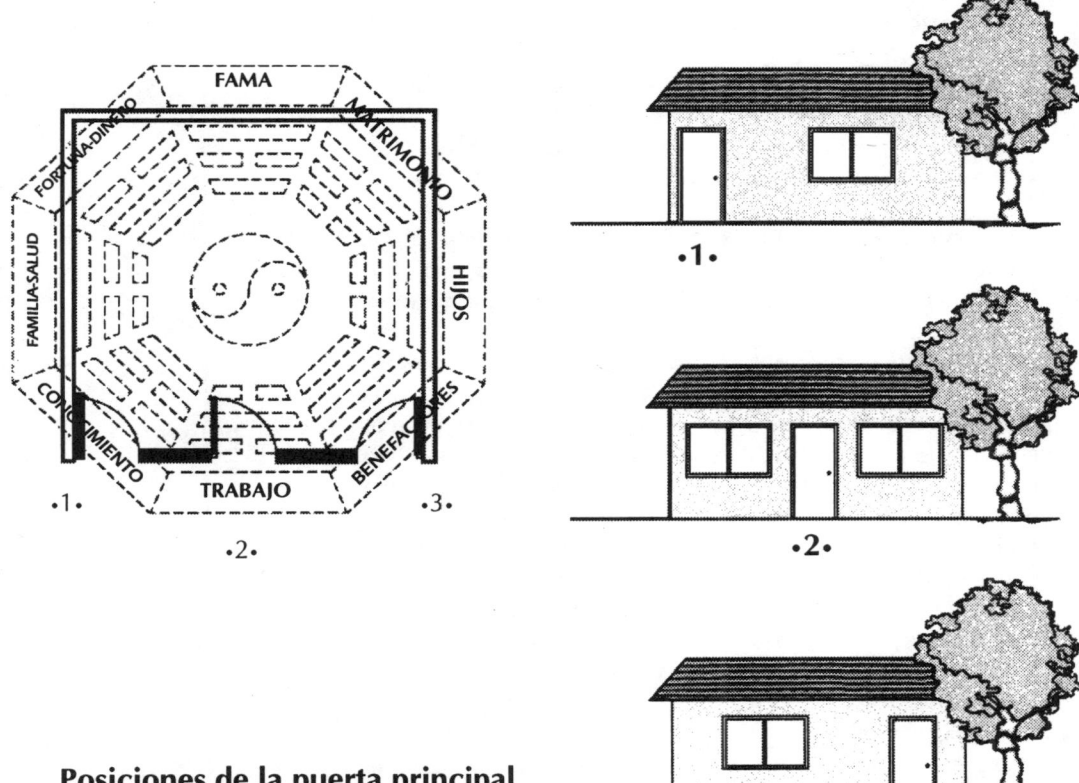

Posiciones de la puerta principal

edificar nuestra vivienda con la orientación y diseño ideal que nos marcaría el Feng Shui tradicional; ya que por un lado es necesario elaborar una serie de cálculos y análisis por demás complicados y por otro en la gran mayoría de los casos, el trazo y ubicación del terreno ya está preestablecido con apego a las normas de urbanización de cada lugar o las más de las veces adquirimos una propiedad que ya está construida y resultaría muy costoso cambiarle el diseño.

En la teoría de la boca del chi no se toma en cuenta la ubicación de los puntos cardinales, lo que sí debemos tener muy en cuenta, es la posición de la puerta de entrada principal a la casa, para poder situar imaginariamente el ba-gua. En la ilustración se encuentran marcadas con los números l, 2 y 3 respectivamente, las tres áreas por las cuales puede encontrarse la puerta y son: (1) el Conocimiento, (2) el Trabajo y (3) los Viajes o Benefactores; por lo tanto, cualquiera que sea la orientación de una casa y la puerta de acceso principal, ésta última siempre estará ubicada en alguna de las tres áreas anteriormente mencionadas.

Antes de continuar con nuestro aprendizaje sobre la manera de utilizar el ba-gua y la detección de problemas y desequilibrios, creo necesario explicar que en Feng Shui existen dos formas de solucionar dichos problemas.

La primera forma es la de las *soluciones comunes* y estas se encuentran en el campo de lo conocido y probado científicamente; que todas las personas aceptan como normales, que son lógicas y racionales, pero que muchas veces su efectividad es de un cincuenta por ciento; este tipo de soluciones son de naturaleza Yang. La otra forma es, la de las *soluciones especiales o trascendentales;* se encuentran en el campo de lo desconocido e inexplicable, que la ciencia al no poder probarlas mediante el método científico, las clasifica como supersticiones y que son para algunos, ilógicas e irracionales, pero que en la mayoría de los casos su efectividad va más allá del cien por ciento, este tipo de soluciones son de naturaleza Yin. Yo le recomiendo a usted que cuando aplique soluciones, estas sean tanto Yin como Yang, para que exista un balance entre ambos aspectos y el efecto sea óptimo.

Quiero compartir con usted un breve relato y juntos hagamos una pequeña reflexión acerca de lo que la mayoría de las personas considera desconocido e inexplicable.

TIERRA ⟶ ○

MARTE ⟶ ○

SOL

En el año 1960, la NASA inició un ambicioso proyecto con el que exploraría el sistema solar y sus alrededores, y que se llama en Inglés: Outer Planets Grand Tour. En 1977 se lanzó al espacio la primera de dos naves conocidas como "Viajeros" o *Voyagers*. El Voyager 1, llegó cerca de Júpiter el 5 de Marzo de 1979, a Saturno el 12 de Noviembre de 1980 y continuó su viaje hacia el exterior del sistema solar. Durante el mismo año en que dió comienzo la misión del Voyager 1, pero unos meses después, inició su travesía el Voyager 2, llegando a Júpiter el 9 de Julio de 1979, a Saturno el 25 de Agosto de 1981, a Urano el 24 de Enero de 1986 y a Neptuno el 25 de Agosto de 1989. En primera instancia éste proyecto resultó muy exitoso, ya que estos planetas tuvieron una posición que en Astronomía se conoce como alineamiento y la cual se produce cada 176 años, acortando la distancia entre ellos y facilitando la trayectoria de los viajeros.

El otro aspecto es que ambas naves enviaron información importante sobre estos gigantes transjupiterianos, que hasta entonces ningún astrónomo hubiese siquiera imaginado.

El 14 de Febrero de 1990, cuando una de las naves se encontraba a más de seis billones de kilómetros de la tierra, envió una fotografía mostrando a una familia de diminutos planetas dispersos y en la que únicamente se aprecia el resplandor del Sol, como del tamaño de una moneda de cinco centavos y cerca de este fulgor Venus y la Tierra no son mayores que el tamaño de una cabeza de alfiler.

Al detenernos por un instante a reflexionar acerca de estos acontecimientos y la trascendencia que tuvieron para el mundo científico, nos damos cuenta de la manera en que el ser humano percibe la realidad y los juicios y opiniones que emite como definitivos e inmutables. Estamos acostumbrados a juzgar y clasificar las cosas en base a la limitada percepción de nuestros cinco sentidos y consideramos inexistente o imaginario aquello que no podemos ver, tocar, oír, gustar u oler; en el ámbito de la ciencia ortodoxa sucede lo mismo.

¿Qué habría pensado un astrónomo, si hace tres o cuatro décadas usted le hubiese comentado que Júpiter y Urano, también poseen anillos a su alrededor, similares a los que tiene Saturno, pero más delgados y transparentes, razón por la cual no se pueden observar con telescopio desde la tierra, o que a solo algunos años luz de distancia de nuestro sistema solar, existe un planeta con características muy similares a la Tierra y un hábitat propicio para la vida, tal y como la conocemos?.

Con toda seguridad ese científico le habría dicho, que usted estaba demente y que además era muy aficionado a los relatos de fantasía o ciencia ficción. Pero actualmente sabemos que Júpiter y Urano sí poseen anillos y también que gracias al gran telescopio Hubble, que precisamente se encuentra en el espacio, recientemente se descubrió ese sistema solar, cuyo planeta tiene características similares al nuestro.

¿Se da usted cuenta como cambia nuestra perspectiva de las cosas cuando comprobamos que sí existen? Por el simple hecho de no poder percibir algo con nuestros limitados sentidos humanos, no debemos negar su existencia. Muchas de las soluciones trascendentales que utilizamos en Feng Shui se encuentran en el campo de lo desconocido e inexplicable; le sugiero estimado lector, que medite un poco sobre esto, pues en la vida no todo es lógica y razonamiento; también existen la intuición y el sentimiento. Cuando la razón y el sentimiento se complementan uno al otro, entonces se da la armonía y la humanidad puede evolucionar y entraremos en contraste con la teoría de los opuestos del yin-yang.

CAPÍTULO QUINTO

¿PUEDE UNA CASA ESTAR ENFERMA?

Interesante y sugestiva es la pregunta que da título al presente capítulo. Pero; ¿cómo se enferma una casa? ¿por qué?, ¿de qué manera podemos saber si nuestra casa ésta enferma? y como consecuencia ¿qué debemos hacer para curarla?. Por preguntas como ésta fue que titulé mi libro *"Cure su casa con Feng Shui"*.

Todos nosotros estamos acostumbrados a ver enfermos a nuestros semejantes, a nosotros mismos, a los animales y a las plantas, pero resulta curioso y extraño escuchar que una casa se enferme. La enfermedad es la falta de armonía; se dá cuando el funcionamiento de un órgano o parte del cuerpo es deficiente y puede atribuirse a factores propios o ajenos, causando deterioro y envejecimiento. En la práctica médica se diagnostica el tipo de enfermedad y se utiliza el método correcto para tratarla y de éste modo devolver la salud al enfermo. En Feng Shui se procede de la misma forma para restablecer la salud de una casa.

¿Pero, qué causa la enfermedad de una casa?.

En Acupuntura se analiza el flujo del chi a través del cuerpo y colocando agujas en los puntos específicos por donde corren canales energéticos, se reorienta la circulación del mismo, equilibrando los órganos para que éstos funcionen adecuadamente.

Como sabemos el Feng Shui se fundamenta en los mismos principios de la Medicina Tradicional China y en el balance de energías Yin o Yang. La ubicación y diseño de una construcción y los alrededores son las causas de que una casa se enferme y como consecuencia, afecte también la salud de sus moradores.

Cuando observamos con detenimiento una casa con mal aspecto, que de solo verla nos deprime, podemos darnos cuenta que a las personas que viven ahí se les ve tristes, sin energía, enfermas, llenas de deudas y con problemas familiares muy fuertes; claro está que no es la única razón por la cual esas personas tengan problemas, pero en base a mi experiencia en el campo del Feng Shui, puedo asegurar que el lugar donde uno vive, influye de manera determinante.

En relación con lo anterior, se dice que "Cuando la casa de uno está bien orientada y localizada, se estimula la salud, felicidad y prosperidad. Los científicos de nuestra era han descubierto que existen ciertas partículas diminutas y cristalinas en el cerebro humano llamadas "Magnetitas" que dotan a la persona con un "Sexto Sentido" que lo hace a uno más capacitado para orientarse."

En una casa donde no hay ventilación adecuada y es oscura, estrecha e incomoda, los habitantes de la misma se sienten sin energía, sin deseos de trabajar, ni superarse y con propensión a enfermedades de naturaleza Yin; por el contrario, en una casa con demasiadas puertas y ventanas, pasillos angostos y largos que conducen fuertes vientos y techos muy altos; las personas que las habitan se sentirán hiperactivas, con tendencia a un carácter violento e inestable y con predisposición a enfermedades de naturaleza Yang.

También se deben tomar en cuenta corrientes subterráneas de agua o mantos freáticos, radiaciones producidas por líneas eléctricas de alta tensión y defectos en el diseño arquitectónico, que muchas veces en aras de una supuesta *"Arquitectura de vanguardia"* o un aparentemente justificado mejor aprovechamiento del espacio y abatimiento de costos —sobre todo en las famosas casas o departamentos construidos en serie—, resultan evidentes los daños que causan a sus moradores tanto en lo físico como en lo psicológico.

Por eso es importante dejar claro que no cualquier lugar es bueno para vivir, ni tampoco el hecho de que una vivienda sea humilde o lujosa y sofisticada; lo que realmente cuenta es la armonía y balance que tenga consigo misma y con lo que le rodea.

Los antiguos chinos eran muy cuidadosos al construir no sólo sus casas y edificios, sino también al diseñar ciudades y trazar caminos, teniendo sumo cuidado de no herir la carne del Dragón, ni desafiar a la naturaleza. En occidente sucede exactamente lo contrario, ¿cuántas veces nos encontramos con áreas habitacionales construidas sobre lechos de ríos secos, en laderas de pequeños cerros o sobre barrancos que se rellenaron exprofeso para edificar viviendas?.

La naturaleza nunca actúa por capricho o accidente; muchas veces hemos sido testigos de casas que se desploman al sucederse deslaves o porciones de viviendas que se hunden bajo un piso falso e incluso áreas habitacionales que total o parcialmente se han inundado, producto de un torrencial aguacero; el costo que se paga en estos siniestros es muy alto, no únicamente en lo material, también en cuanto a vidas humanas se refiere.

Nuestro desafío y falta de conciencia ha llegado a los límites, pues talamos bosques enteros, dañando gravemente al ecosistema y aniquilando en ocasiones especies animales y vegetales que son únicas, con la intención de construir supuestos *"desarrollos ecológicos"*. Creo que éstos lugares seudoecológicos son el absurdo más grande que conozco, ya que la naturaleza no requiere de intereses creados, ni alta tecnología para tener la belleza que durante tantos milenios ha producido.

Estimado lector, espero sepa perdonar el tono que de repente adquirió mi exposición, pero no es que se trate de una pose ecologista muy a lo *"Nueva Era"*; se trata simplemente de despertar un poco la conciencia de lo que poseemos y admitir la responsabilidad que tenemos de salvaguardar nuestro hábitat, no únicamente para nosotros, sino para nuestras generaciones venideras.

En los cursos que imparto hago hincapié, que el Feng Shui no es un método más para lograr que nuestra casa u oficina luzca cómoda y bonita; el Feng Shui es un estilo de vida holístico en el cual se pone atención al entorno, la vivienda, la comida, los hábitos y comportamientos con nosotros mismos y con los demás. En Feng Shui la palabra clave es armonía y para esto solo se necesita sentido común y conciencia humana.

Hasta aquí, hemos visto que los únicos responsables de los males que nos aquejan o de la *"mala suerte"* somos nosotros mismos y que en nuestras manos está encontrar la solución. Dentro del sistema Feng Shui que exponemos en éste libro, le indicamos las maneras y objetos con los cuales puede usted solucionar los problemas del desequilibrio Yin-Yang y flujos débiles o violentos de chi, dentro y alrededor de su casa. Cabe advertir que al principio puede resultar difícil diagnosticar y ubicar los problemas y su origen; pero con la práctica y experiencia poco a poco se ira superando ésta dificultad.

En primer lugar tenemos la utilización de **plantas vivas**, donde se incluyen **árboles de ornato, frutales y bonsai, flores naturales o artificiales**. Estas últimas se utilizan en lugares donde las condiciones no permiten que las flores y plantas de origen natural puedan sobrevivir. En éste apartado también se engloban las peceras, ya sean de agua dulce o marinas.

Plantas vivas

A continuación tenemos los **molinos de viento, rehiletes, banderas, cometas o papalotes** como se les conoce en algunas partes de Latinoamérica, de vistosos colores y algunas con forma de peces; tal vez usted ha tenido oportunidad de verlos en tiendas y restaurantes de origen oriental, globos, veletas, anuncios luminosos, etc,. todos estos objetos, al estar en movimiento producen estimulación del chi.

Molino de viento

Existen también los objetos que se mueven por efecto del viento y producen un sonido muy agradable, siendo su función precisamente la de transformar el chi negativo en ondas musicales que se dispersan en el medio ambiente; entre estos objetos se encuentran las **campanas** y los **windchimes** o *"espanta-espiritus"* que constan de tubos metálicos de diferentes tamaños, los cuales están afinados en diferentes tonos.

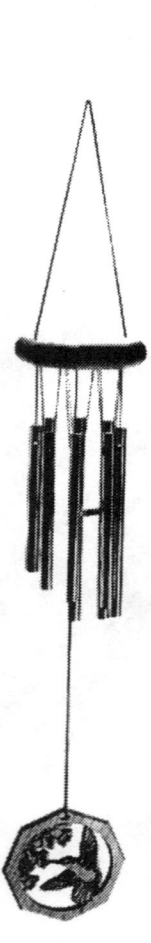

Wind Chimes

La utilización de **espejos** es muy importante ya que se les conoce como *"Las aspirinas del Feng Shui"* y son usados para atraer o rechazar el chi. Si en el exterior de su casa se encuentra algún paisaje agradable colocándolos dentro de su casa, puede atraer el buen chi. Si por el contrario existiese algún aspecto agresivo o desagradable; como un basurero o un río de aguas negras, colocándolos en el exterior puede alejar ese chi negativo. Desde luego que ésta función de los espejos no es la única; también se usan para solucionar irregularidades de alguna área en particular del Ba-gua de la casa, amén de las conocidas funciones de ampliar o duplicar espacios y el de simple ornato. Dentro de los artículos de vidrio se encuentran de igual manera, los **prismas o bolitas de cristal faceteado** que nos ayudan a rechazar un chi negativo y crear uno positivo, así mismo los objetos de cristal cortado.

Las luces son utilizadas para realzar áreas y reanimar el chi de las mismas.

Prismas

Uno de los recursos que se utiliza en éste arte y al cual se le ha llamado **"La cura de las curas en Feng Shui"** son las **fuentes**, ya que producen un chi muy auspicioso puesto que el agua limpia y en movimiento es símbolo de vitalidad y prosperidad; esto no quiere decir que en oriente derrochen el agua, por el contrario, es un elemento muy preciado y esencial para la vida.

Las estatuas, cuadros, objetos de arte (jarrones, figuras de porcelana, platos decorados, etc,.), biombos, cortinillas de cuentas o abalorios, flautas de bambú, Budas, abanicos y otras cosas que su imaginación y creatividad le dicte —siempre y cuando sean agradables y armoniosas—, nos servirán para estimular un chi beneficioso.

Fuente

Los **artículos eléctricos o electrónicos** como: televisores, computadoras, aparatos de sonido, de aire acondicionado, ventiladores de techo y de pedestal, refrigeradores y otros enseres, también activan las diferentes áreas del Ba-gua, sin embargo le recomiendo no abuse de ellos debido a las radiaciones que producen y los trastornos que pueden causar a la salud, según las recientes investigaciones de algunos geobiólogos.

Otra herramienta para producir cambios importantes es el uso de **colores**, ya que estos tienen una vibración propia y pueden producir ambientes positivos o negativos de acuerdo a la forma en que los utilicemos, para lo que debemos tener muy en cuenta la ley de los cinco elementos con sus dos ciclos, pero en la utilización de los colores profundizaremos más adelante.

Un concepto que por haberlo dejado al último no es menos trascendente y que yo considero se debe tener siempre presente es, *nuestra actitud y disposición al cambio*; además de la intención y voluntad con que efectuemos dicho cambio. Mucho se ha hablado de la fe y de la sugestión; acerca de la primera incluso existe aquella frase proverbial que dice: *"La Fe mueve montañas"*.

Cuando usted efectúe una cura de Feng Shui, primero antes que nada, tenga fe en usted mismo y luego en lo que está haciendo, ya que cuando aplicamos las soluciones no sólo estamos colocando un objeto, cambiando un diseño o una actitud por simple capricho, lo hacemos porque estamos seguros que modificaremos substancialmente las circunstancias o eventos que influyen en nuestra vida. La sugestión por el contrario es cuando se inspira o domina la voluntad de una persona para que piense de tal o cual manera.

Este arte y los que lo practicamos seriamente, no tenemos necesidad de sugestionar o manipular a nadie; el Feng Shui tiene más de dos milenios de antigüedad probando su eficacia para quienes lo adoptan como una forma de vida, pero definitivamente y antes que nada, el libre albedrío y por qué no, el beneficio de la duda, asisten a quien por vez primera tiene contacto con este conocimiento. A mis alumnos y personas que me consultan, siempre les comento que *los milagros no caen del cielo, ni las curas obran por arte de magia. Los milagros y la magia los provocamos nosotros mismos.*

APLICACIONES Y SOLUCIONES

CAPÍTULO PRIMERO

APLICACIONES

En ésta segunda parte iniciaremos la aplicación del análisis y teoría del Feng Shui, apoyados en los conceptos que estudiamos en la primera parte; empezaremos por examinar las formas de la tierra y los elementos naturales del entorno, hasta llegar paulatinamente a la edificación en su diseño exterior e interior, distribución de espacios y detección de flujo del chi y desequilibrios Yin-Yang.

Pero antes de seguir adelante, debo mencionar que dentro del Feng Shui se establecen dos niveles o divisiones importantes: la primera es la parte **sying**, que es de naturaleza Yang, la cual engloba factores ambientales tangibles: el chi de la tierra, las formas de la tierra, de edificios y construcciones, árboles, ríos, lagos, colores, etc,. El otro componente es el **Yi**, que es de naturaleza Yin y trata del proceso vital intangible y místico, que refuerza y bendice el aspecto sying.

Empezaremos por el examen de las formas de la tierra y los elementos naturales del entorno. Las montañas, cerros y volcanes son producto del chi de la tierra que emerge desde sus entrañas en forma de espiral, por lo tanto la vibración energética que producen es muy especial y los efectos auspiciosos son realmente de tomarse en cuenta, veamos algunos ejemplos: en el Estado de Arizona, Estados Unidos de Norteamérica, se encuentra una pequeña ciudad llamada Sedona la cual está rodeada de montañas que poseen diversas formas moldeadas por la erosión producida por los vientos desérticos, sin embargo y a pesar de encontrarse en medio del desierto, el contraste que produce esta ciudad es muy agradable y la energía que emana es muy peculiar, además de que ahí se encuentran algunos de los psíquicos más famosos del mundo.

Otro ejemplo de lugares rodeados por montañas es la ciudad de Monterrey en el Estado de Nuevo León, México, en donde encontramos el Cerro de la Silla, el Cerro de las Mitras y el Cerro del Chipinque los cuales protegen a una de las ciudades más industriosas y ricas del país. También lugares como Tepoztlán en el Estado de Morelos, Malinalco en el Estado de México, o la misma ciudad de México, que en las décadas de los cuarenta y cincuenta cuando fue; *«La región más transparente»* —como la llamara el famoso escritor Carlos Fuentes—, tuvo su época de mayor prosperidad y abundancia, siendo un importante centro artístico y cultural a nivel mundial. Los volcanes del Ixtacíhuatl y el Popocatépetl son dos entidades muy beneficiosas para el valle de México; desafortunadamente el desmedido crecimiento de la ciudad, aunado a la polución atmosférica producida por las industrias y vehículos automotores no permiten que se observen estos dos colosos blancos que proporcionaban un buen Feng Shui a la ciudad.

Igualmente en Centro y Sudamérica encontramos muy buenos ejemplos de montañas con un chi muy auspicioso. En Guatemala los volcanes de San Pedro, San Lucas y Atitlán situados en las riberas del Lago de Atitlán en el altiplano del país;también el Volcán de Agua en cuyos valles que forman sus faldas, se encuentra la bella ciudad de Antigua Guatemala, denominada en el pasado *"el Monumento Colonial de América"*; en Brasil los cerros del Pan de Azúcar y el Corcovado, en Río de Janeiro.

Es bueno vivir en lugares donde hay montañas, ya que desde el punto de vista del Feng Shui son lugares con mucha energía; pero es necesario tener en cuenta sus formas, ya que no todas son beneficiosas y también debemos cuidar la elección del lugar de la montaña en la que podemos construir. Por ejemplo, una montaña con inclinaciones moderadas es propicia, ya que hace que la casa tenga buen drenaje y el chi puede distribuirse adecuadamente por todos los lugares de la vivienda.

Nunca se debe construir en la parte más alta de una montaña, pues aunque la visión panorámica que se pueda tener sea impresionante, los vientos ahí son muy fuertes y provocan que el chi sea inestable y violento produciendo en los habitantes de la finca, irritabilidad en su carácter y eventualmente riesgos y conflictos económicos muy serios. Tampoco es bueno ubicar nuestra casa en las partes más bajas de las faldas de la montaña, pues el chi que proviene de ella, aplasta literalmente a sus moradores impidiendo que evolucionen correctamente en los diferentes aspectos de su vida.

Jamás se debe orientar la puerta de acceso principal de frente a la montaña; esto es, que al salir de su casa tenga la colina justo delante de usted, porque bloqueará las oportunidades de crecimiento en los negocios, el trabajo o profesión y puede conducir a una ruptura matrimonial. Lo más aconsejable es que la puerta principal se oriente hacia la parte donde se encuentra el paisaje y de esta forma beneficiarse con el chi auspicioso de éste.

Cuando se edifica en las montañas, la construcción no debe ser demasiado alta, lo más recomendable son dos o tres niveles, para mantener la armonía con la naturaleza y que no resulte agresiva para el chi.

El lugar idóneo para ubicar una vivienda es la parte central de la montaña y si se tiene vista a un río, a un lago o al mar, esta se debe orientar hacia ellos para atraer el beneficioso chi del agua. Anteriormente señalamos que no todas las formas montañosas son buenas, según E.J. Eitel (1873) las que tienen forma de ·campana, canasta, arado, tortuga y de una barca o canoa invertida, no son nada recomendables; al igual que las colinas o cerros demasiado bajos (muy Yin), y las que son muy redondas.

Casa a media montaña

Las formas de las montañas están muy relacionadas con la teoría de los cinco elementos y de igual manera, encontramos una aplicación para las edificaciones, que de algún modo son los cerros o montañas del paisaje urbano.

Montañas de Elemento Fuego: Son aquellas montañas con forma puntiaguda y que son muy altas, semejando de alguna manera las flamas del fuego. Esto también es aplicable a las edificaciones, por ejemplo a casas con techos demasiado altos o edificios con muchos niveles, con ángulos agudos y con excesiva iluminación natural en su interior.

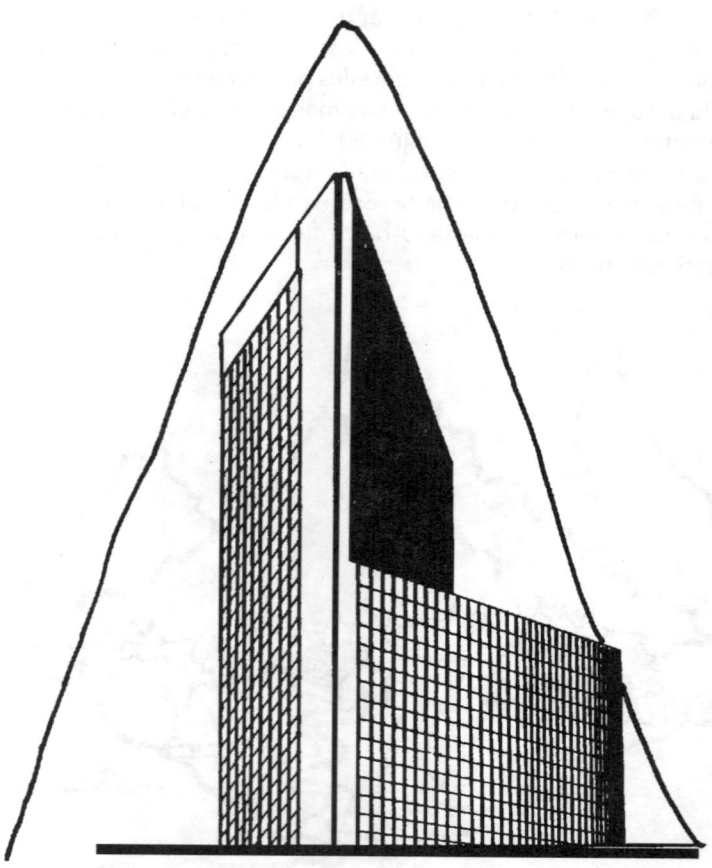

Elemento Fuego

Montañas de Elemento Tierra: Son montañas generalmente anchas, y aplanadas en su parte superior, de terreno llano y polvoso. En el campo de la construcción, se trata de casas con techos demasiado bajos, que no permiten una buena ventilación, ni adecuada iluminación natural; propician un ambiente sofocado. Los edificios son de forma cuadrada y predominan los materiales como el cemento y la piedra

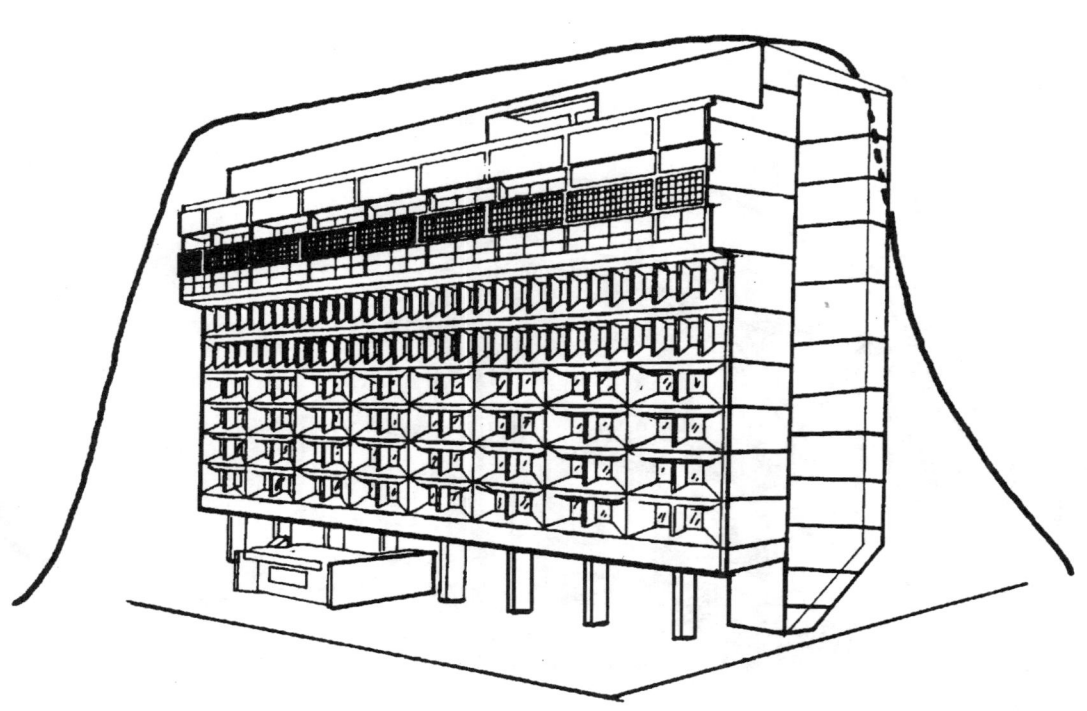

Elemento Tierra

Montañas de Elemento Metal: Montañas de altura media, con la cúspide redondeada a manera de cúpula o arco. Cuando se trata de edificios en estos abundan las estructuras metálicas como: vigas, canceles, puertas de lámina o aluminio, etc.

Elemento Metal

Montañas de Elemento Agua: Son formaciones montañosas de bordes ondulados y colinas irregulares de tamaños variables. Para identificar edificios y casas de este elemento debemos señalar que tienen estructuras complejas y de formas desiguales, predominando los grandes ventanales de cristal.

Elemento Agua

Montañas de Elemento Madera: Se trata de montañas altas y no muy anchas, con la parte superior roma, semejantes a columnas, grandes chimeneas o minaretes. Este elemento es aplicable principalmente a edificios en forma de torre y a estructuras como columnas, obeliscos y monumentos.

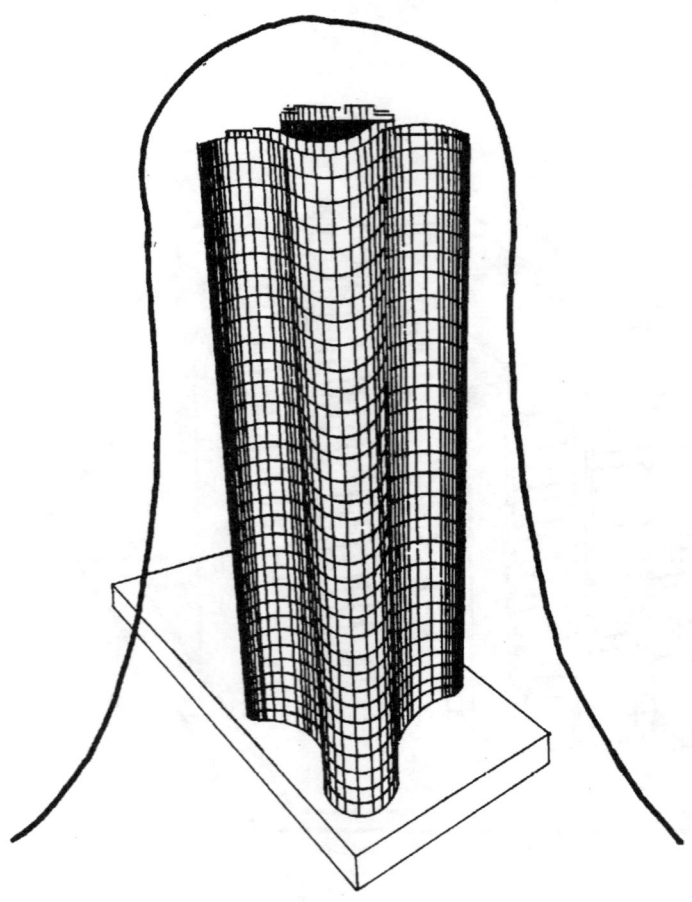

Elemento Madera

Otro elemento poderoso de la naturaleza, que el Feng Shui toma muy en cuenta es el **agua** y el cual afecta positiva o negativamente, según sea el caso; veamos: las ciudades más importantes del mundo en el ámbito económico-comercial se encuentran cerca del agua. Por ejemplo: Nueva York, Los Angeles, Tokio, Hong Kong, San Francisco, por mencionar solo algunas.

El agua se nos presenta en dos aspectos: en *Forma Quieta*, como son, lagos, estanques, diques, y en *Movimiento* como: los ríos, cascadas, fuentes y mares.

Los **ríos**, son corrientes de agua que conducen energía o chi que se desplaza de acuerdo a la dirección que tienen y esa energía la podemos aprovechar favorablemente. Si construye su casa cerca de este elemento, la puerta de entrada principal debe quedar orientada hacia el agua; si esto no es así, los residentes podrán tener oportunidades de trabajo o progreso, pero nunca se lograrán concretar o afianzar. Si usted posee una situación similar a la del ejemplo, coloque un espejo dentro de la casa, en donde se pueda reflejar el río o lago y de esta manera atraer el buen chi de éste.

Para obtener los beneficios del agua, ésta debe ser limpia y clara. El agua sucia produce efectos negativos e induce a que la persona se involucre en negocios fraudulentos o a recibir dinero de dudosa procedencia.

Una casa no debe situarse demasiado cerca de la orilla de un río, para que la corriente del mismo no se lleve el chi de los residentes. La distancia aconsejable es, como mínimo, el doble de la altura de la casa ; es decir, que si la casa tiene cinco metros de altura, la distancia mínima deberá de ser, diez metros, desde la orilla hasta donde inicia el jardín o servidumbre de la finca.

La dirección del flujo del río, también influye de manera importante, pues de eso depende el bienestar y éxito de las personas, o bien de su fracaso. Si el agua fluye en dirección a la puerta de entrada principal, es positivo, porque permite que el chi del río entre a la casa y produzca efectos benéficos. Si el cauce fluye en dirección opuesta a la puerta de acceso, los efectos serán negativos y las oportunidades de progreso totalmente inexistentes.

En su constante fluir, el río forma curvas y si la edificación se encuentra en una curva que abraza o rodea a la misma, como se muestra en la gráfica es muy bueno, ya que el chi acuático favorece a los que allí viven, proporcionándoles buena suerte, abundancia, salud y oportunidades de crecimiento; en caso contrario, cuando el río da la impresión de alejarse, los resultados no serán nada positivos. El efecto de las corrientes o flujo de los ríos, es también aplicable a las calles o caminos por donde circulan los automóviles, influyendo de igual manera en los residentes de la finca. En las ilustraciones lo ejemplificamos de ambas formas para que sea más comprensible.

Carretera-río-curva CASA FUERA

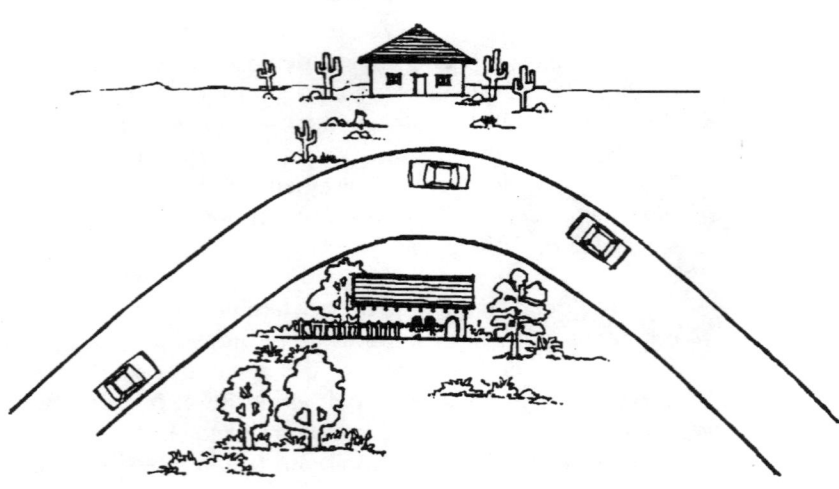

Carretera-río-curva CASA ADENTRO

En la ciudad de Miami, en el estado de Florida, existen canales que se construyeron para evitar inundaciones; la medida es excelente, el único problema es que además de ser rectos y muy profundos, la mayor parte del tiempo, el agua de dichos canales está turbia y estancada, añadiendo que algunas personas utilizan estos canales como basurero. Las soluciones para casos como este, o similares son: plantar árboles, distribuidos de manera artística, para filtrar el chi negativo del canal o río que incide hacia la casa.

Otro consejo, sería colocar iluminación exterior a la orilla del canal y dirigirla hacia la finca, para crear una nueva clase de chi; así mismo se puede poner un espejo en el exterior, para alejar el aspecto nocivo. También se puede alejar o separar simbólicamente el canal o río, haciendo un sendero o camino de concreto, que vaya serpenteando y adornarlo con plantas y flores a los lados.

Camino que serpentea de casa a canal

Cuando se tiene la fortuna de poseer una casa cerca de una cascada es excelente, ya que el chi que ahí se genera es muy auspicioso. Yo tuve la oportunidad de conocer en Monterrey Nuevo León, una bellísima cascada que es conocida como *«La cola de caballo»* y pude experimentar el efecto tan poderoso del chi que produce; conforme yo me acercaba, una sensación de relajamiento, calma y paz interior fue invadiéndome, induciendo en mi una actitud de meditación. El paisaje es hermoso y los árboles que se encuentran en las laderas de la montaña rodeando la cascada, enmarcan y realzan la belleza del lugar.

Casa al lado de canal con luces

Como hemos podido darnos cuenta, el agua es un potente estimulador del chi y es factible utilizarla tanto fuera como dentro de la casa. Una manera de lograr esto es por medio de las fuentes, a las cuales se les conoce en Feng Shui como: *«La cura de las curas»*. En un jardín donde se coloca una fuente, se produce una muy buena energía, las aves de diversos tamaños y colores, se vuelven asiduos visitantes, produciendo con sus cantos un chi realmente vivificante, además las flores alrededor de la fuente crecen muy hermosas y enmarcan de manera especial el conjunto, animando, mejorando y activando el área del Ba-gua donde se encuentre la fuente.

El mismo resultado se logra si colocamos una fuente en el interior de la casa, que aparte del Feng shui que crea, se ha comprobado por medio de estudios científicos,que producen el llamado *"Ruido Blanco"* que neutraliza las ondas nocivas y los iones cargados de energía positiva. Para este caso, ya existen en el mercado fuentes muy vistosas, incluso con iluminación, que no necesitan de instalaciones especiales o complicadas y son muy económicas, dándole un toque muy agradable al área en donde son colocadas. También se dice que las fuentes tienen el efecto de reducir del medio ambiente, las ondas negativas de la radio, la televisión, los teléfonos celulares, etc. Dentro de la casa producen el llamado "ruido blanco", que tiene el efecto de reducir la polución causada por las ondas de radio,de televisión etc. Lo más importante es tener presente que la fuente debe tener mantenimiento constante, para evitar que el agua se enturbie o se dañe su sistema de bombeo, ya que afectaría directamente al área del Ba-gua en donde se encuentre.

Los árboles son elementos de mucha influencia dentro del Feng Shui. Se trata de entidades vivas, cuya labor es determinante en el ecosistema de nuestro planeta y son utilizados en Feng Shui, para balancear defectos de diseño en casas y edificios, por ejemplo la gráfica de una casa en forma de escuadra con un árbol en la parte faltante, sirve para ilustrar que el árbol esta *"sustituyendo"* la parte faltante y balanceando el diseño para evitar las consecuencias que produce que la figura del bagua no esté completa.

Asimismo los arboles sirven como modificadores de energía negativa en positiva y para fines trascendentales.

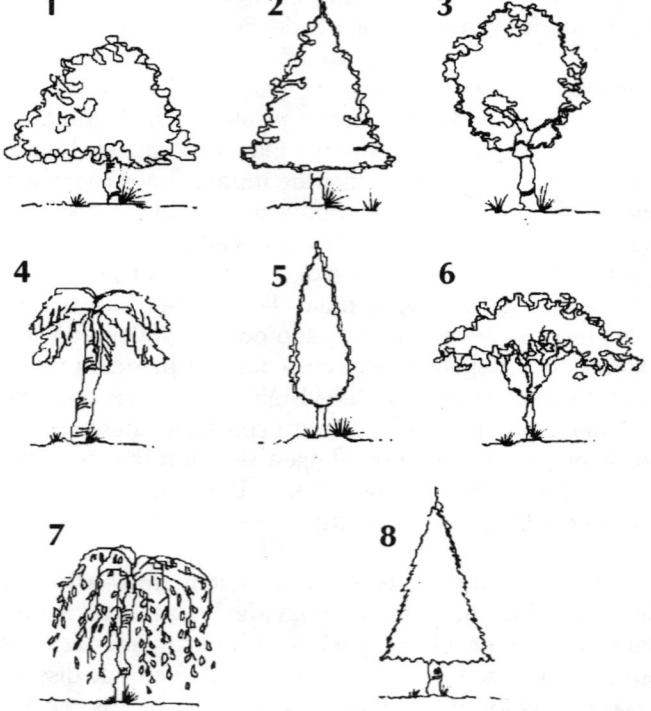

1. **Copa de Martini**

2. **Piramidal**

3. **Redonda**

4. **Palmera**

5. **Columna**

6. **Florero**

7. **Despeinados**

8. **Triangular**

Formas de los árboles

Además cada árbol posee su propia forma, textura, tamaño y color,así como también el tipo de chi que generan.

Los árboles que tienen forma de columna y que se extienden hacia arriba, hacen que el chi se eleve, promoviendo el desarrollo y bienestar del entorno donde se encuentran. El **Ciprés Italiano** es buen ejemplo de este tipo de árboles, que comúnmente encontramos flanqueando los caminos de acceso a grandes fincas. Los árboles con forma ovalada también presentan un crecimiento hacia arriba, pero su desarrollo es más lento que el anterior; de entre estos cabe destacar el **Tulia Dorada.** Existen otros que tienen forma redonda y producen una sensación de más firmeza en la tierra, son muy estables; si usted vive en una casa auspiciosa, en la que tiene una vida productiva, con salud y bienestar general, el chi de ese tipo de árboles le beneficiará, pues hace que la persona se afiance en esa casa, pero si acaso usted vive en una casa que es negativa, en donde tiene muchos problemas familiares, económicos y de salud, entonces el árbol le retendrá en ella y no lo dejara ir; incluso notará que es difícil lograr venderla o alquilarla, ejemplo de ellos son, **el Ficus, el Cedro Costeño, el Roble, el Olivo Negro, el Árbol de Canela.**

Encontramos otro tipo de árboles que parece como si estuviesen despeinados, sus hojas se proyectan hacia abajo como si llevaran una carga muy pesada, se aconseja que se usen en los jardines, únicamente para dar un toque de acento, pero nunca como elemento preponderante; los más comunes de estos árboles son el **Sauce llorón, el Tamarindo y el Pirul.**

Los árboles con forma semejante a una copa de martini; exuberante en la parte superior, pero con un tronco muy delgado y frágil, poseen un chi débil y sin beneficios, *el* **Olmo americano y el Cerezo**, son buenos ejemplos. Los árboles de forma piramidal con sus ramas proyectándose hacia arriba, como algunos *Pinos*, son muy benéficos, producen un chi fuerte y estable; sin embargo aunque tuviesen forma piramidal, pero sus ramas se proyectasen hacia abajo, este tipo de árboles no son buenos, ya que su chi no se desarrolla correctamente, porque la energía que extraen de la tierra, la regresan a su origen. Como ejemplo tenemos la **Araucaria, el Liquidambar y el Secoya.**

Mención aparte merece un tipo de árbol que por sus características no es recomendable que se encuentre en los alrededores de la casa y mucho menos en los jardines interiores de la misma, se trata del árbol conocido comúnmente como **Hule**. A este árbol, yo le llamo cariñosamente *« Tigre de Bengala»*, porque en los seminarios que imparto, les comento a los asistentes, que es como si al plantar este árbol en nuestras casas, adoptáramos un tigre de Bengala y lo dejáramos vivir en nuestra sala. Independientemente de que este árbol llega a crecer muy alto y de manera desordenada, provocando graves daños a la finca, pues también sus raíces se extienden a los lados por encima del suelo, aunado a la savia, que es de consistencia lechosa; su chi es agresivo y hostil, aplastando el chi de la finca, de las personas e inclusive de los demás árboles que se encuentran a su alrededor. *En general, yo no aconsejo tener ningún árbol cuya savia sea de consistencia lechosa, pues su chi es demasiado Yang y lejos de atraer auspiciosidad, la alejará.*

Para los antiguos maestros Taoístas, los árboles son considerados como seres sagrados y de entre ellos los Pinos y Robles son estimados como árboles inmortales. Las antiguas pinturas y poesías chinas, se encuentran llenas de admiración para estas entidades, ya que irradian un chi muy poderoso y benéfico, alimentan la sangre, fortalecen el sistema nervioso y contribuyen a tener longevidad, también acarician las almas de los seres humanos, inducen a la meditación y nos ayudan a transformar la energía negativa en positiva. Mi maestro Mantak Chia recomienda practicar los ejercicios de **Qi Gong** y **Tai Chi** en el bosque o en jardines donde se encuentren grandes árboles y así beneficiarse de su energía curativa y regenerativa;

> *"Los árboles permanecen quietos, absorbiendo la energía azul de la tierra y la fuerza universal del cielo y al igual que los inmortales, se alimentan del rocío. Cuando logres estar quieto como un árbol y meditar profundamente, entonces lograrás estar realmente entre el cielo y la tierra."*

En conclusión, los árboles más recomendables, por su tipo de chi son: **el Roble, el Olivo negro, los Pinos, las Palmeras y la mayoría de los frutales**, siempre que se tengan presentes las características anteriormente mencionadas.

La utilización de los árboles en Feng Shui, para corregir desbalances de energía y defectos de diseño es muy sencilla;

una vez que conocemos cuales son los árboles más indicados y el área del Ba-gua que deseamos corregir o activar, pero es prudente hacer ciertas recomendaciones referentes a su uso.

No es recomendable plantar árboles muy cerca de las líneas de energía electrica ni de la puerta de acceso principal, pues esto impedirá el libre flujo de chi hacia el interior. Igualmente se recomienda que no estén muy próximos a las ventanas, como para que bloqueen la entrada de luz solar; ésto sólo se recomienda cuando las ventanas estén orientadas hacia el poniente, ya que la luz del sol, durante la tarde es muy agresiva, pero siempre cuidando que dichos árboles no estén demasiado cerca de las ventanas, asimismo se recomienda colocar una bolita de cristal faceteado en dichas ventanas, lo cual transformará los incandescentes rayos vespertinos, en un arcoiris bastante agradable cambiando de esta forma la vibración del chi.

Cuando las ramas del algún árbol se encuentran metidas en los aleros del techo de la casa o lo que en algunos lugares se conoce como repisas, esto provocará eventos desafortunados afectando al chi de la casa y de sus habitantes.

Árbol metido en el alero de la casa

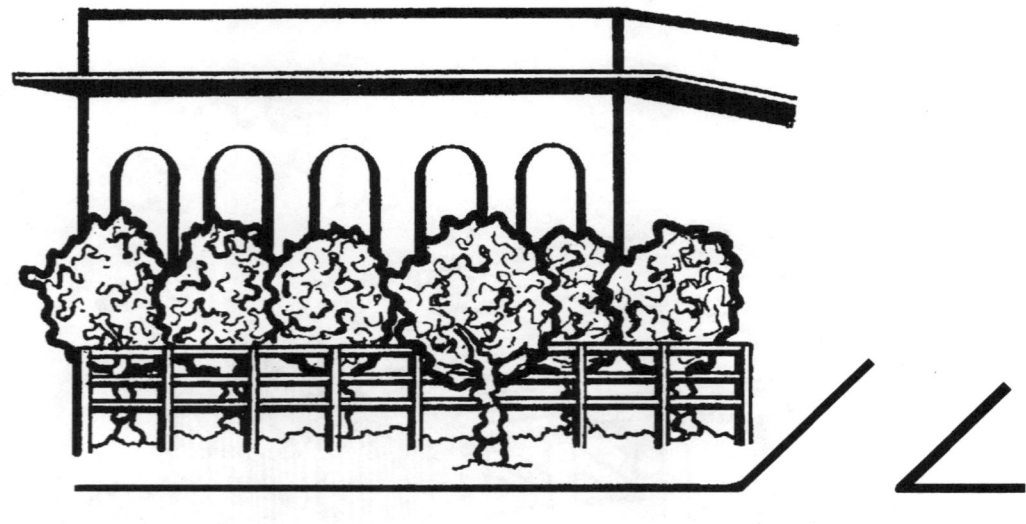

Vegetación más alta que la cerca

De ninguna manera es recomendable tener árboles o arbustos secos o muertos alrededor o dentro de la finca, ya que es como un esqueleto que produce un chi negativo e induce a la pérdida de dinero y a eventos misteriosos y desagradables; quite ese tronco muerto de inmediato y sustitúyalo por un nuevo árbol vivo. Las enredaderas que cubren por completo la fachada de la casa, o que llegan a crecer más alto que los cercados o bardas son muy negativas, ya que la persona es susceptible de tener demandas judiciales.

En este capítulo hemos tenido la oportunidad de vislumbrar un poco, el enorme influjo que ejerce sobre nosotros la naturaleza, a través de las formas de la tierra, los árboles y el agua; esto debe llevarnos a reflexionar que los seres humanos, formamos parte del cosmos y como tales, debemos despojarnos de esa soberbia y vanidad que el avance científico y tecnológico nos ha hecho creer, al grado de sentirnos los dueños de la tierra y que lejos de utilizar nuestra superioridad racional y técnica para evolucionar y salvaguardar el hábitat que nos rodea, sencillamente nos hemos convertido en los depredadores más peligrosos del planeta. Los Taoístas y Budistas nos enseñan que para encontrar la verdadera paz y armonía, debemos ser uno con el todo; debemos fundirnos con la naturaleza y ser parte de ella. Si cuando menos intentáramos reflexionar un poco sobre nuestra existencia y compararla con la de los demás seres vivos del planeta, nos asombraría cuán poco hemos hecho por nosotros mismos y por nuestro hogar que es el planeta tierra.

CAPÍTULO SEGUNDO

EL TERRENO Y NUESTRA CASA

En este capítulo examinaremos las formas de lotes y terrenos, junto con los aspectos exteriores que tienen importancia en una construcción. Puede ser que usted esté proyectando construir o que ya posea la finca terminada y se encuentre habitándola; de cualquier manera, se debe prestar especial atención a la forma del lote, ya que este juega un papel preponderante en Feng Shui. Los terrenos o lotes se clasifican de acuerdo a su forma en: regulares e irregulares.

En los terrenos de forma regular no existe problema, puesto que todos sus lados son proporcionales y se adecuan fácilmente a la figura octagonal del Ba-gua, de entre estos, los lotes cuadrados y rectangulares son los más comunes. Con los terrenos irregulares surge el problema de no tener una figura armónica y por ende las áreas del Ba-gua estarán incompletas algunas y con excedentes otras, afectando directamente a las partes en cuestión (Familia, Dinero, Matrimonio, Benefactores, etc.), por lo que, cuando nuestro lote es irregular, debemos analizarlo detenidamente y haciendo uso de nuestra creatividad, junto con las soluciones de Feng Shui que ya conocemos, tratar de equilibrarlo.

Pudiera ser que tuviésemos un terreno de forma caprichosa, como el de la ilustración; si se observa detenidamente, podremos notar que la solución es por demás creativa, ya que al hacerle ciertos arreglos se trató que asemejara un automóvil y de esta manera transformar un lote sin forma definida, en algo *«que marche sobre ruedas»* produciendo una vibración positiva para quienes lo habiten. Obviamente que estas soluciones solo son viables cuando en nuestro lote existe espacio para colocarlas, como patios y jardines. ¿Pero, que pasa cuando no tenemos ese espacio extra y la finca ocupa la totalidad del lote?. No se preocupe. Cuando examinemos los espacios interiores de la finca, le aconsejaremos las soluciones correspondientes que le podrán ayudar. *Definitivamente, lo ideal es construir en un lote que sea regular, donde las medidas de sus lados sean iguales.*

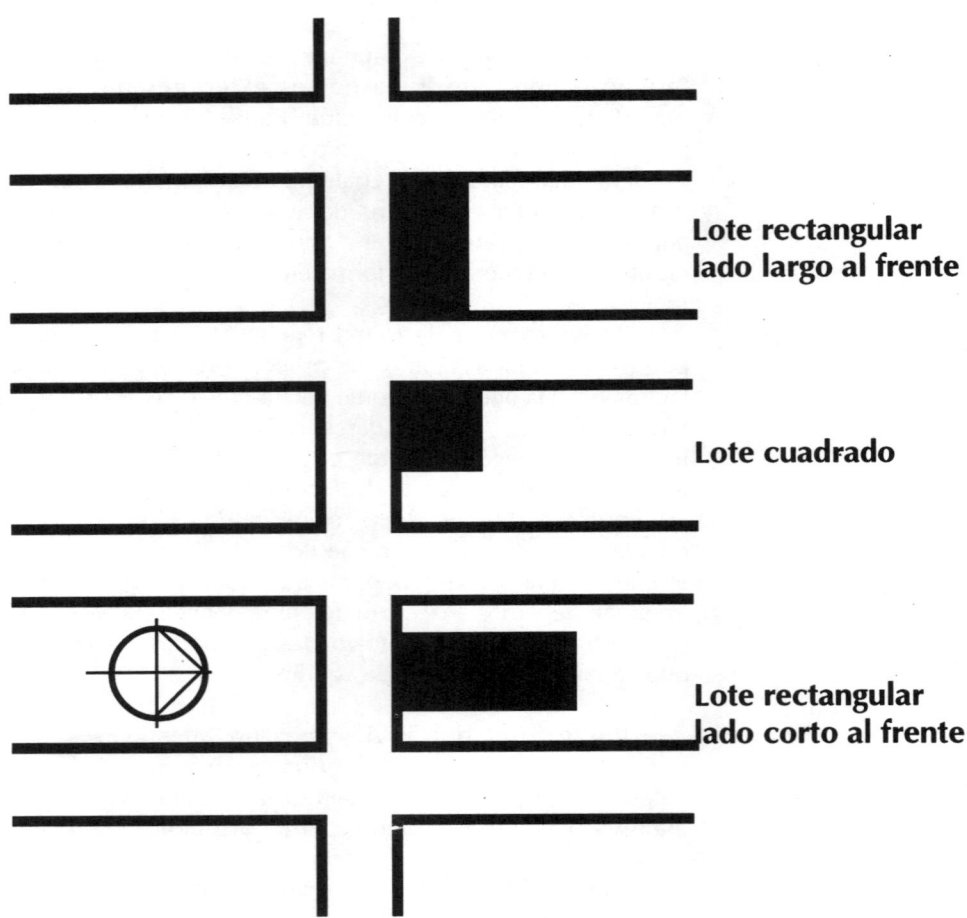

**Lote rectangular
lado largo al frente**

Lote cuadrado

**Lote rectangular
lado corto al frente**

Terrenos regulares

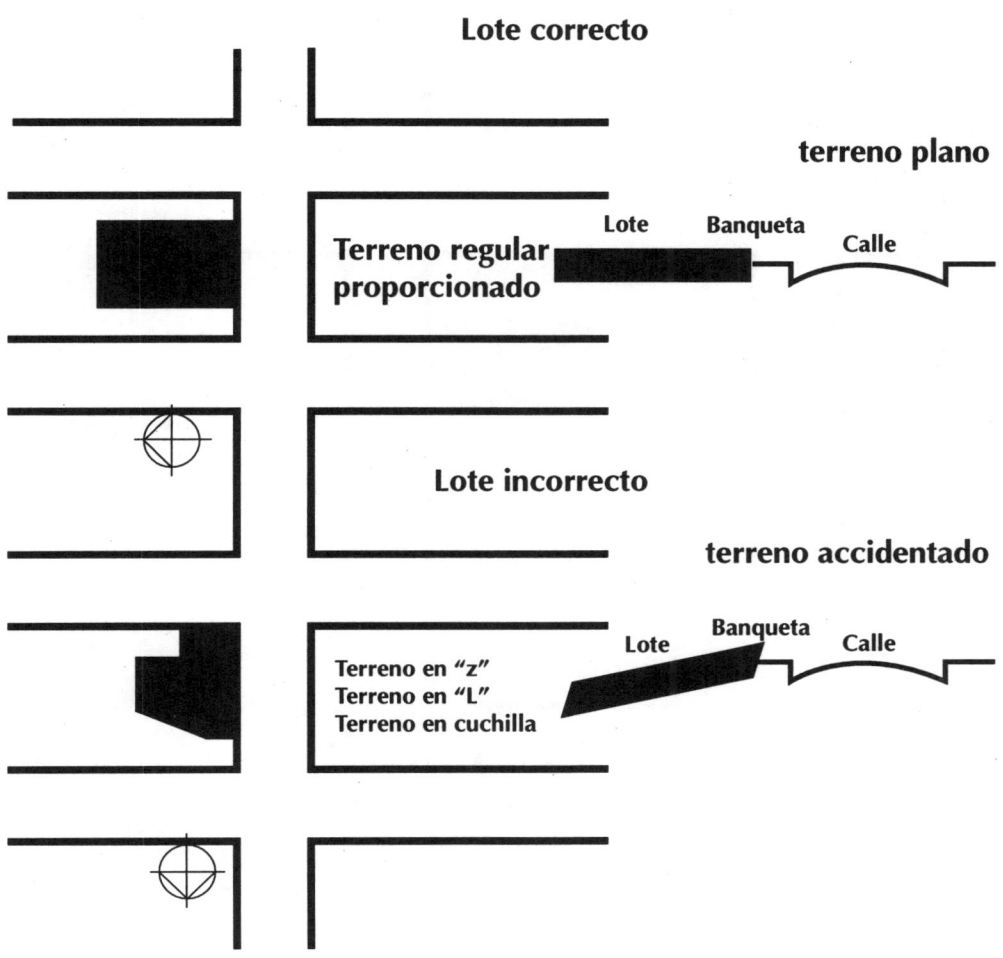

Lote correcto

terreno plano

Terreno regular proporcionado

Lote   Banqueta   Calle

Lote incorrecto

terreno accidentado

Terreno en "z"
Terreno en "L"
Terreno en cuchilla

Lote   Banqueta   Calle

Lote correcto e incorrecto

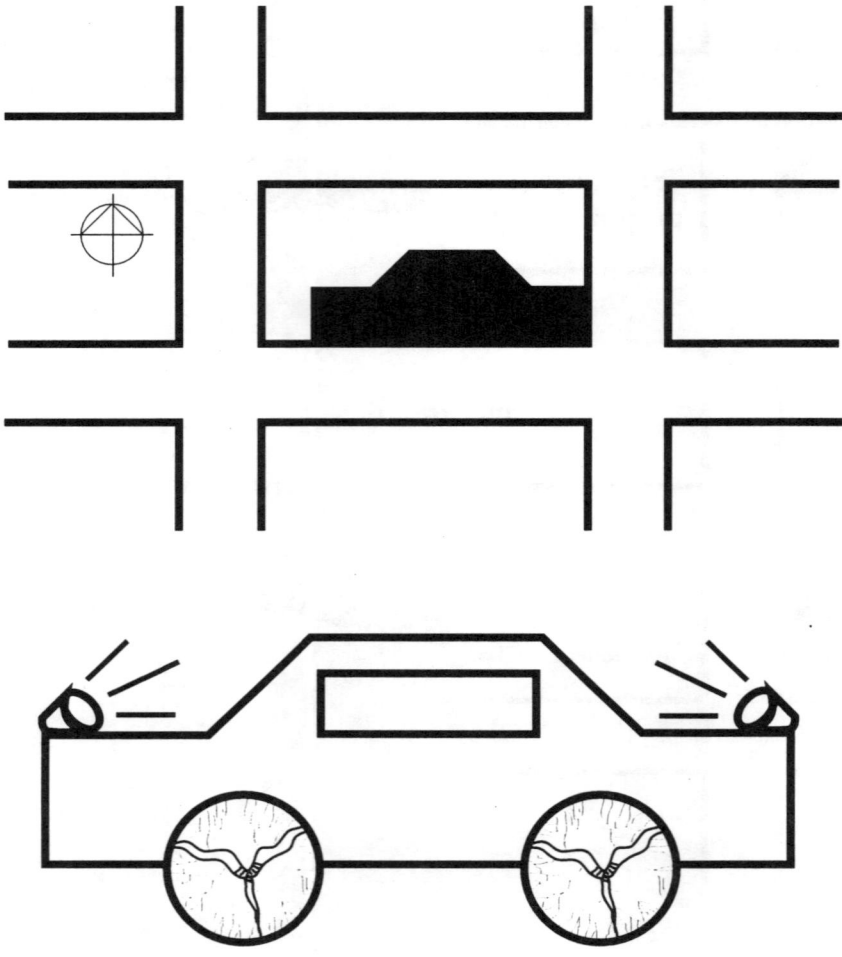

Terreno en forma de automóvil

Éste párrafo lo dedico especialmente a los profesionales de la construcción: Arquitectos, Ingenieros y Diseñadores. He podido comprobar que cuando se trabaja en un proyecto y la persona que lo elabora, se encuentra en buen estado anímico; esa positividad se transmitirá a su trabajo, dando como resultado un buen diseño, que por ende, le traerá cosas positivas y auspiciosas al dueño y futuro usuario de ese proyecto. Por el contrario si quien diseña ese proyecto, se encuentra deprimido o malhumorado, esas mismas vibraciones negativas se transmitirán a su trabajo y como consecuencia afectarán a quienes lleguen a adquirir dicho proyecto. Recuerdo que en una ocasión, un Arquitecto me comentaba, lo que les recomendaba a sus alumnos en la facultad:

> *«Cuando se elabora un diseño y se supervisa una obra, debes tener presente siempre; que se trata de un lugar para ser habitado por personas, que requieren de un espacio para vivir y desarrollar sus actividades cómoda y funcionalmente y en el momento que estén habitándola, siempre se acordaran de ti; para bien o para mal. Cuando se acuerden bien, por motivo de la casa que habitan, será muy agradable recibir agradecimientos y bendiciones, pero cuando se acuerden mal,... ¡Yo no quisiera estar en tus zapatos !».*

No solo los terrenos presentan formas, respectivamente negativas o positivas, también las casas la tienen. El diseño de una casa es importante, ya que es muy frecuente escuchar a personas que han tenido vivencias desagradables con su dinero, matrimonio, familia, hijos, salud, etc., por vivir en una casa irregular, así mismo podemos encontrar diseños de casas que son agradables y como consecuencia muy afortunadas; pues desde que se inicia su construcción, ésta se desarrolla con facilidad, sin contratiempos de ninguna especie y en un tiempo considerablemente corto. En el caso de diseños, que por ser muy vanguardistas presentan formas y soluciones arquitectónicas, bastante caprichosas e incluso de aspecto agresivo (techos desiguales o bastante inclinados, exceso de ángulos agudos, desniveles cuando el terreno es plano, cuartos con cinco o más paredes, etc., etc.), podremos constatar que, en la mayoría de los casos, tienen problemas con el otorgamiento de los permisos de construcción, la adquisición del crédito bancario, dificultades en conseguir y mantener la mano de obra, demasiados accidentes o incluso, la obra presentó tantos problemas que el dueño no tuvo más remedio, que dejar la construcción inconclusa o bien falleció. Esto únicamente refuerza y da sentido a un antiguo adagio chino, que dice: **«cuando construyas que tu obra no sea ofensiva a la naturaleza»,** por que si lo es, la misma naturaleza impide que se haga algo tan desagradable. Lo ideal a la hora de diseñar el plano de una casa es, siempre tener presente que los aspectos Yin y Yang estén balanceados.

En las siguientes gráficas ejemplificamos algunos diseños de casas con problemas. En la primera ilustración podemos observar que a la finca le falta el *área del matrimonio*; la familia que llegue a vivir en esta casa, tendrá muchos problemas de pareja que eventualmente pueden desembocar en ruptura matrimonial. Lo mismo puede suceder si dicha irregularidad en la construcción se presenta en el lado opuesto, que corresponde al *área del dinero o la fortuna*: la familia padecerá problemas económicos (dificultad para obtener dinero y retenerlo, o disputas por causa del mismo). Una casa, cuyo diseño semeje a una letra **"H"** es negativa, y cuanto más profundos sean los huecos, más marcada será la influencia negativa; claro está, que las partes faltantes del Ba-gua, serán las que se afecten. A una casa con *forma de cruz*, como se muestra en la ilustración, se le considera de mala fortuna. A este tipo de casa, se le conoce en Feng Shui como: **"Dragón herido"** y se estima que las personas que habiten ahí, tendrán una vida llena de dificultades, enfermedades, divorcio e incluso se puede llegar al extremo de perder la propiedad.

La solución para estos casos, en los cuales faltan áreas, es hacer modificaciones dentro de la finca, construyéndole las partes faltantes, obteniendo de esta manera una forma de casa regular, pero si por alguna razón esto no fuese posible, le recomiendo que coloque un *windchime* en el centro de cada espacio hueco, adorne el área con *plantas naturales* y ponga una *luz* dirigida a la parte superior de su finca, también la colocación de una *fuente*, puede ayudar a resolver el problema.

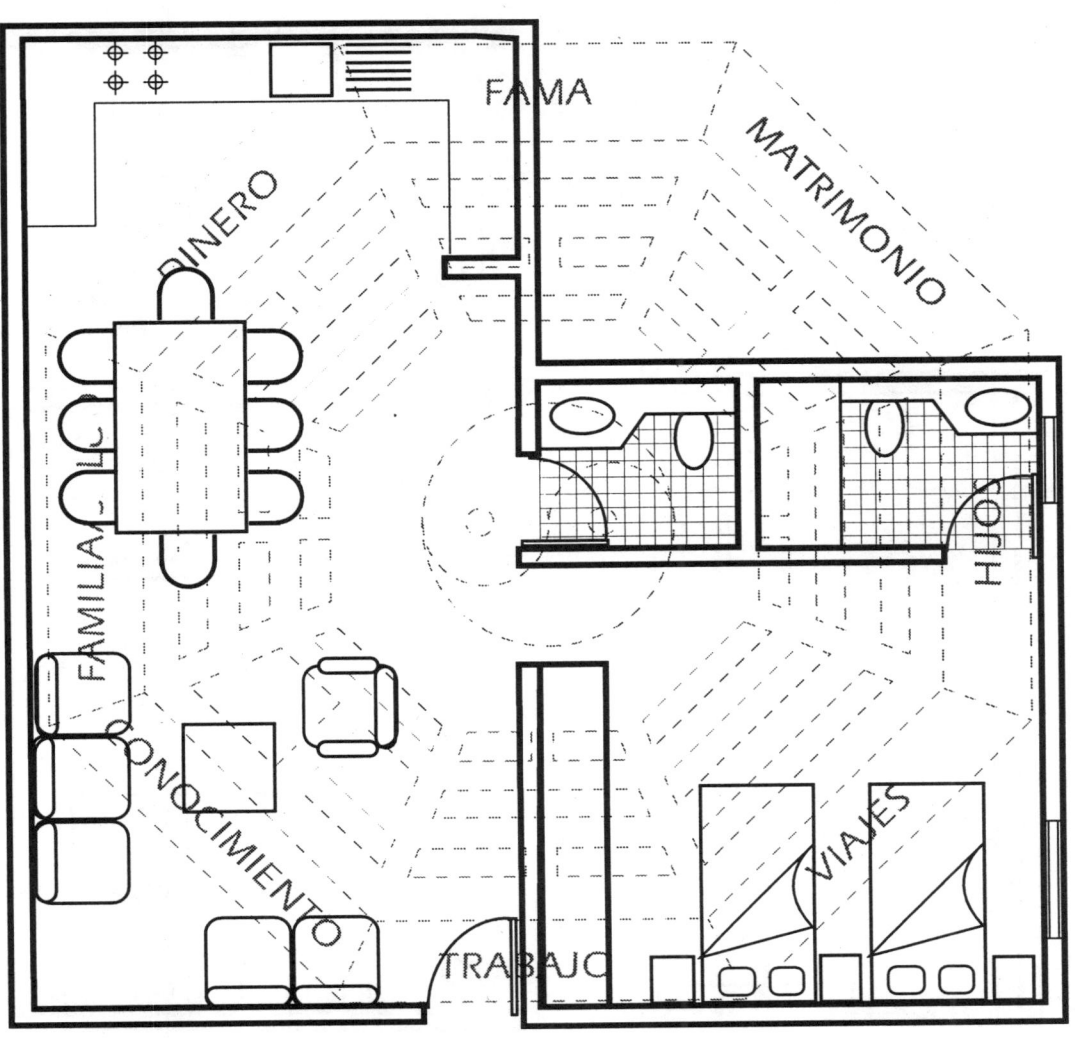

Casa con falta del área de matrimonio

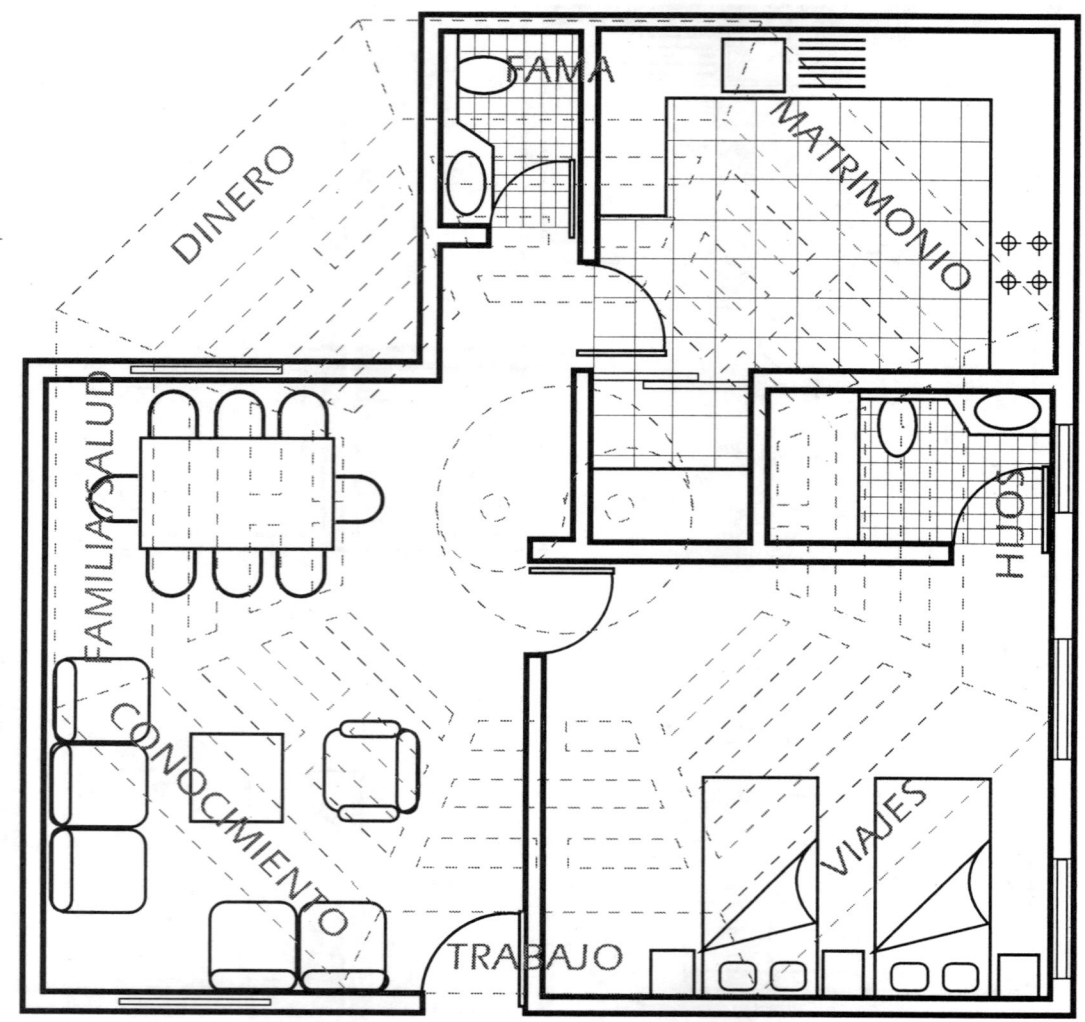

Casa con falta del área de dinero

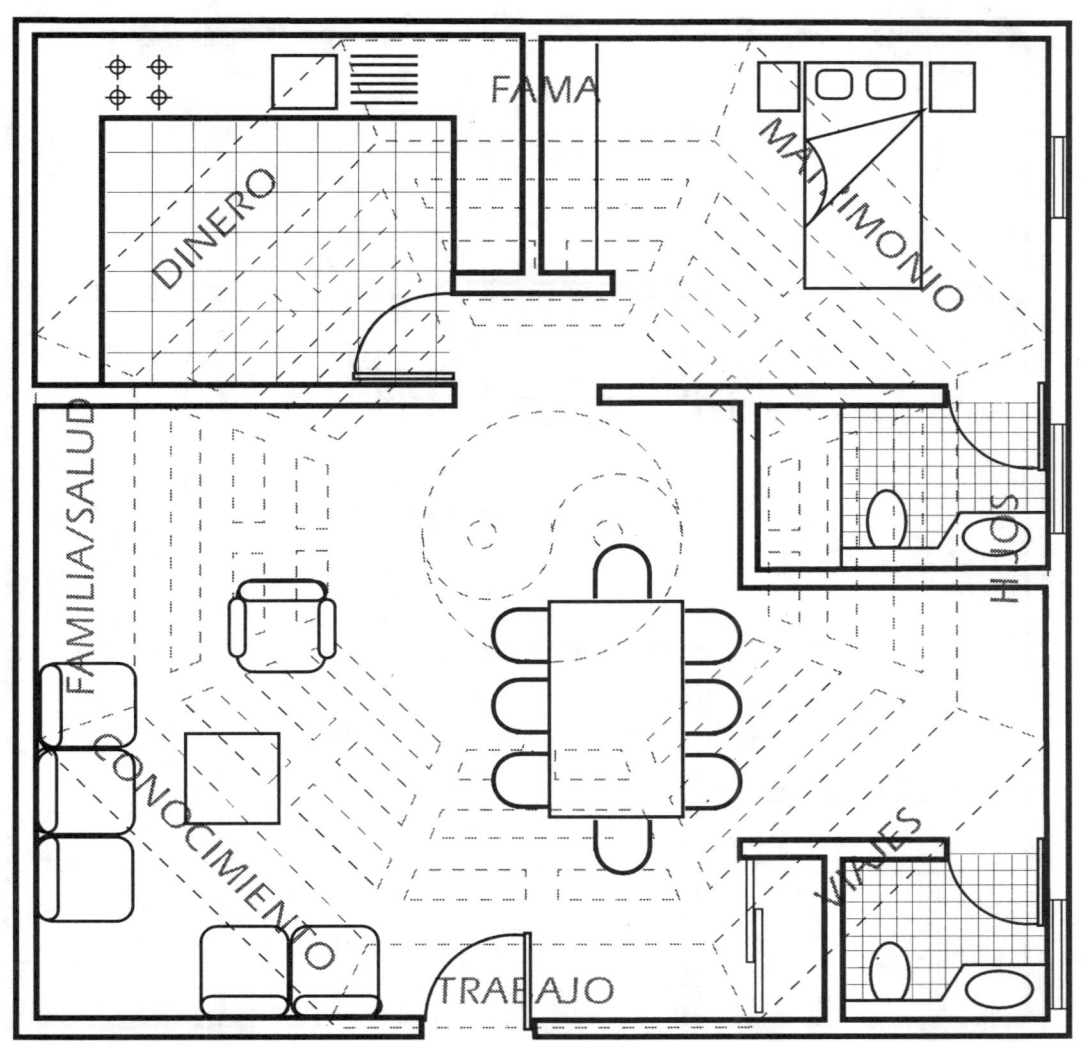

Casa con bagua completo

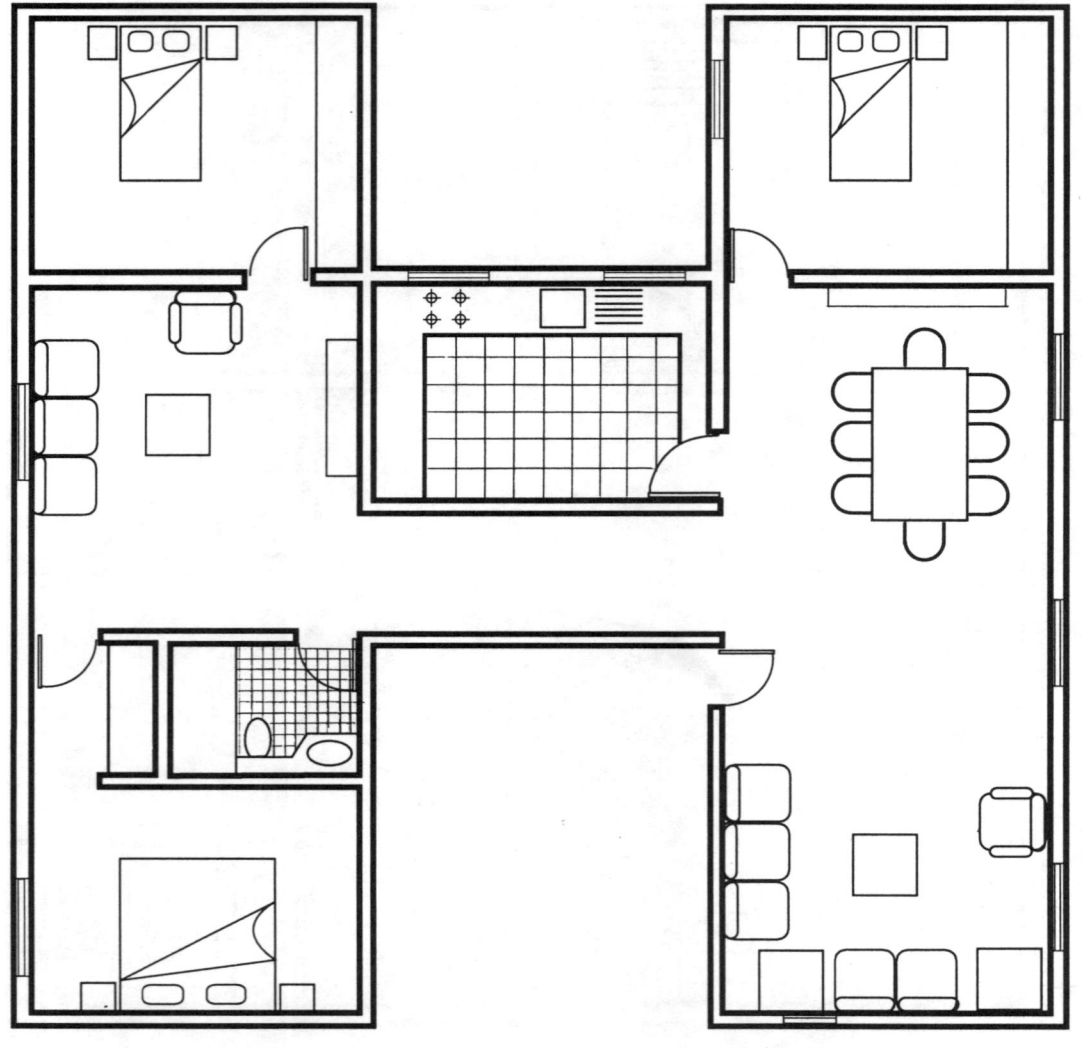

Casa en forma de H

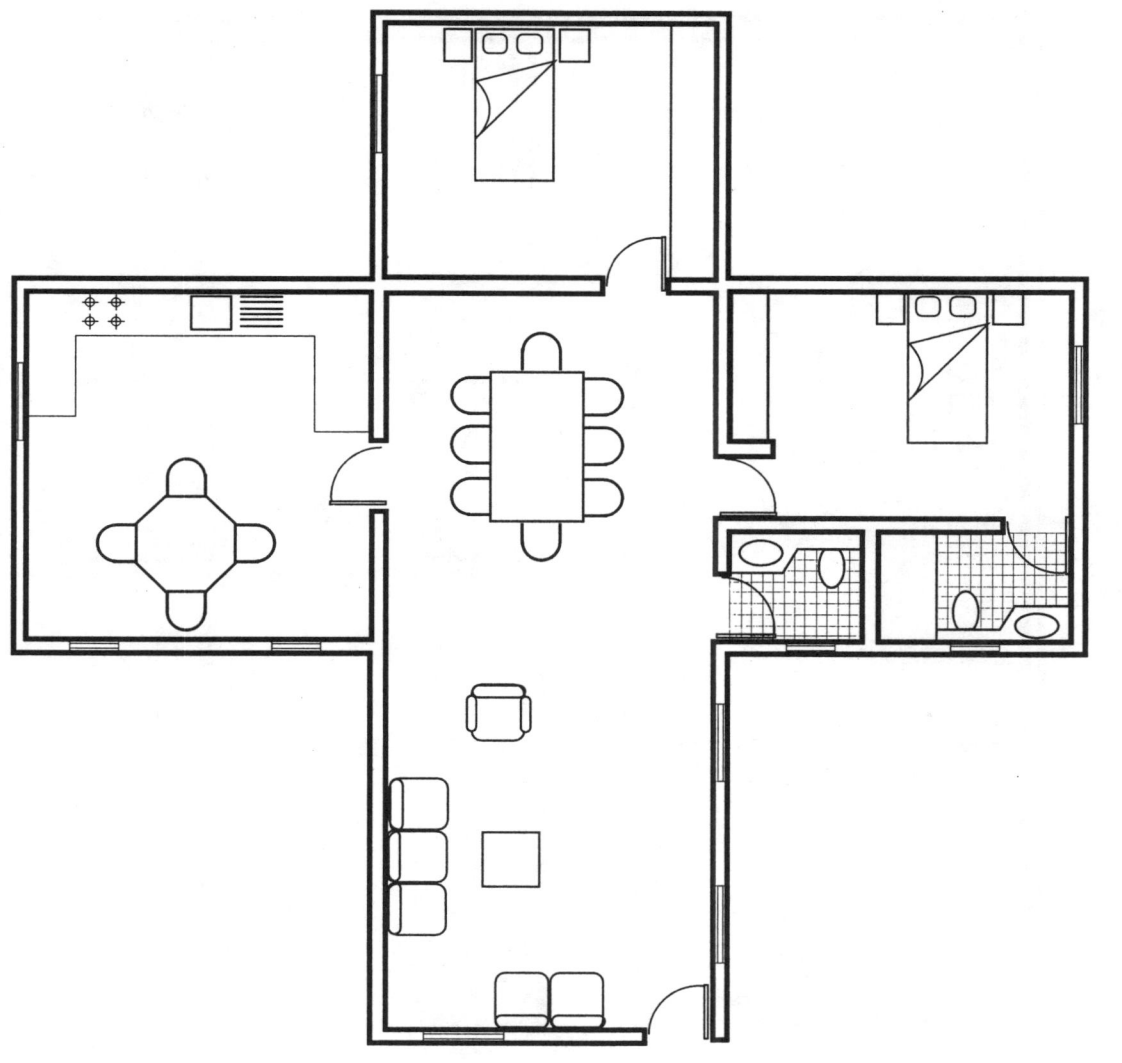

Casa en forma de cruz

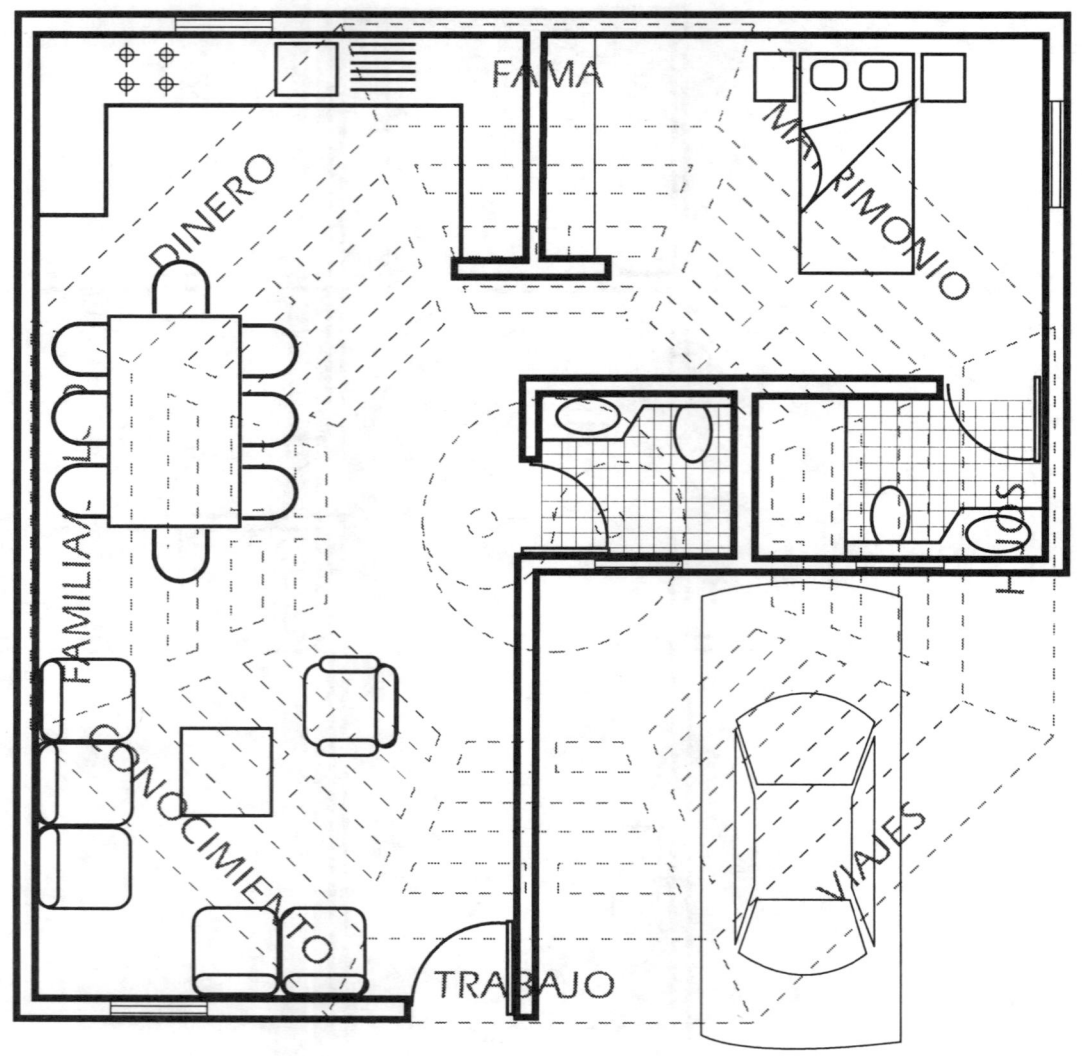

Casa con falta del área de benefactores

En los anteriores párrafos hemos expuesto las formas de los lotes y de las casas desde una perspectiva, que tal vez al lector le haya parecido demasiado general y tiene razón, pero, hay una justificación. En lo personal, no pretendo encasillar a las personas en algún estilo o corriente arquitectónica determinada por simple capricho; primero, porque no soy Arquitecto o Ingeniero y segundo, porque el hecho que usted construya o modifique su vivienda, utilizando el Feng Shui, presuponga que ésta deba ser de estilo oriental. Cuando decidimos utilizar el Feng Shui en nuestro hogar, lo que buscamos es obtener armonía, equilibrio, funcionalidad; que el chi fluya suavemente a través de nuestra casa y que cada una de las áreas del Ba-gua no se encuentren afectadas, sin importar que el tipo arquitectónico o el estilo de decoración sea: Oriental, Mexicano, Clásico, Modernista, Austero, etc., lo que siempre puntualizaré es el hecho de cuidar las formas, colores, distribución y demás aspectos que analizamos a lo largo de esta obra.

El lector ya se habrá percatado que nuestro análisis va de lo general a lo particular y del exterior hacia el interior, por lo que, una vez que examinamos el lote y la finca en su contexto general exterior, procederemos a estudiar los cercados, jardines, cocheras o garajes, techos, tejados, puertas y ventanas, para posteriormente, en siguientes capítulos, acceder a los espacios internos de la casa y su correcta ubicación dentro de la misma.

Los cercados o bardas tienen como función principal, delimitar la propiedad, brindar seguridad y privacidad; aunque también podemos encontrar casas que no las tienen, ya sea, porque en el terreno no exista lugar para colocarlas o porque las personas desean que sus jardines luzcan en todo su esplendor. Dentro del Feng Shui y aplicando la Ley de los cinco elementos, los cercados o bardas pertenecen al elemento Fuego y se vinculan con los órganos influenciados por éste.

Debemos cuidar mucho el mantenimiento de las cercas, no únicamente en cuanto a pintura se refiere, sino también en su estructura. Es muy importante vigilar que no tengan rajaduras o grietas profundas y que la pintura se encuentre en buen estado. Debemos evitar que las bardas estén demasiado cercanas a las paredes de la casa o que sean más altas que la finca, ya que esto puede acarrear problemas de toda índole, además de pobreza. Si en los cercados o bardas se tienen plantas del tipo enredadera, se aconseja mantenerlas en buen estado, darles formas o figuras artísticas y evitar su crecimiento desordenado, de tal forma que su altura llegue a rebasar la de la casa. Cuando las bardas o cercados son demasiado anchos, los ocupantes de la finca se verán probablemente involucrados en crímenes relacionados con sexo.

Si se tiene la fortuna de poseer una **cerca en forma circular**, con la casa ubicada en el centro y esta última tiene forma cuadrada se dice que es muy bueno, pues las antiguas monedas chinas, eran redondas, con una perforación cuadrada en el centro. Esto, por lo tanto, simboliza prosperidad económica.

Los **jardines** son áreas muy especiales a las que debemos dedicarles mucha atención, ya que son las que enmarcan y realzan a una casa. Con las flores, árboles, fuentes o piscinas, podemos estimular el chi de la finca y hacer que sea beneficioso para sus moradores. En relación con las piscinas, podemos decir que son recomendables dentro del terreno de la casa cuidando de que tengan una forma auspiciosa y que no tenga esquinas que se proyecten hacia la vivienda.

En la ilustración de las formas de las **piscinas**, le damos tanto las formas irregulares que no son buenas, como las regulares que obviamente producen un buen chi. Procure que sus jardines luzcan bien cuidados y mantenga sus plantas sanas; recuerde que un jardín puede ayudar a corregir desequilibrios y defectos de diseño arquitectónico. Si usted tiene un jardín muy amplio, procure interconectar las diferentes áreas del mismo, con sendas o caminos de concreto; también puede utilizar ladrillos octagonales, redondos o pedazos de madera; se recomienda que dichos caminos sean serpenteantes, ya que de esta forma se armoniza el Yin y el Yang, además de darle un toque muy especial a su jardín. Otro elemento que también es recomendable para un jardín, son los *rehiletes o molinos de viento*. Estos ingeniosos objetos, son replica a escala reducida, de los molinos de viento que se usan para extraer agua de los pozos. Cuando son movidas sus aspas por efecto del viento, estimulan el chi, activando de esta manera, el área del Ba-gua en donde se encuentren. Igual efecto producen las veletas o *"Rosa de los Vientos"*, independientemente de donde se les coloque —puede ser en el jardín o sobre el tejado de la casa—, irradiarán a su alrededor buenas vibraciones, estimulando y mejorando el chi del lugar.

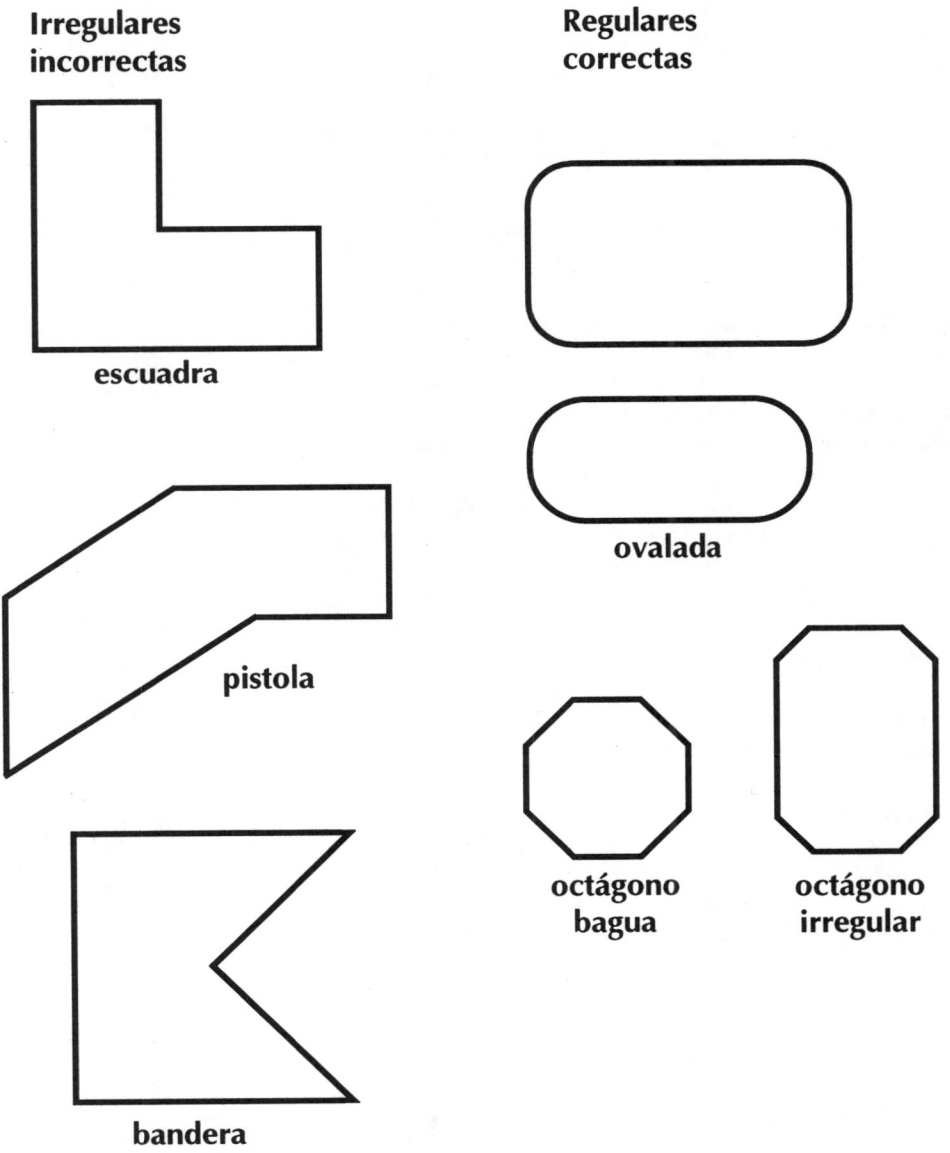

**Irregulares
incorrectas**

escuadra

pistola

bandera

**Regulares
correctas**

ovalada

octágono
bagua

octágono
irregular

Formas de piscinas

La **entrada a la casa** es muy importante, pues determina, como se va a sentir la persona cuando se encuentre dentro de la finca. Si la entrada se halla sucia, con obstáculos, losetas quebradas, plantas y flores descuidadas o marchitas, suciedad de animales, o se trata del lugar en donde ponemos *«temporalmente»* las cosas que ya no necesitamos, podremos observar que el animo de las personas que ahí viven, estará deprimido. Cuando la persona llega a su casa y se encuentra con una entrada limpia, sin obstáculos, con plantas y flores saludables y hermosas, se producirá en ella una sensación agradable, que reanimará su chi personal.

Evite colocar *plantas espinosas* cerca de la entrada y en los caminos, pasillos o corredores por donde usted circule, pues le pueden agredir cuando camine por esos lugares y provocarle que tenga una vida llena de situaciones espinosas. Procure que la acera de entrada, sea más ancha o del mismo tamaño que la puerta principal de la casa. Evite que sea más angosta, porque igualmente reducidos serán los caminos y oportunidades en sus diarias actividades. Entre las diferentes figuras que pueden formar los caminos o aceras de ingreso a una finca, encontramos uno, que semeja un tridente; esta forma en particular es bastante nociva, pues produce una energía violenta, originando discusiones entre padres e hijos, que derivan tarde o temprano en agresión física entre ambos.

Otra figura que se usa con mucha frecuencia es la de un medio círculo para estacionar los automóviles, la cual es buena si se coloca en el centro de la misma una fuente, un árbol, una luz o si se decora con plantas.

La *cochera o garaje* es otro aspecto que merece ser analizado. Podemos encontrar el garaje separado de la casa o formando parte de la misma, en alguna de las áreas del Bagua de la finca. El mejor lugar para ubicar el garaje, sea este, en el terreno, o como parte de la casa, es el área de los **Viajes y Benefactores**.

A continuación enlistamos algunos consejos para hacer qué esa área sea positiva:

• Mantener limpio y ordenado, todo el tiempo, el garaje; no lo convierta en bodega para guardar cosas sin utilidad.

Estacionamiento frontal en medio círculo

Camino serpenteante para unir casa y garage

• Procure tener siempre una luz encendida, de baja intensidad (esto, para evitar el consumo excesivo de energía eléctrica), pero que ilumine el área, especialmente si es un lugar cerrado y se encuentra oscuro todo el tiempo.

• Coloque un windchime en el centro del garaje, para estimular el chi.

• Si el acceso a su vivienda, tiene que hacerlo necesariamente por el garaje, manténgalo limpio, arreglado y adórnelo con plantas y cuadros de motivos alegres y muy coloridos.

• Puede ser que el lugar para guardar el automóvil, se encuentre separado de la casa; si este es el caso, conecte la casa con el garaje, mediante un camino o senda de concreto o ladrillos circulares, integrando de este modo, todo lo que hay dentro del terreno.

La puerta de la cochera o garaje, también es importante. Analice detenidamente el tipo de puerta, pues no debe de ser muy alta, ni tampoco totalmente cerrada; de tal manera, que no se pueda tener una impresión completa de la fachada de la finca. Procure que ésta, le permita tener control sobre el exterior y a su vez pueda entrar el flujo de chi al interior. En las casas con puertas de garaje muy altas y cerradas, nos encontramos con que hay más predisposición de los habitantes para sufrir de males cardíacos.

Los **techos o tejados exteriores**, con un diseño demasiado complicado (con altas y bajas, o excesiva inclinación), en ocasiones son inarmónicos, ya que no permiten un suave y estable flujo de chi. Le recomiendo que observe fotografías o ilustraciones de las pagodas y grandes edificios chinos, incluso aquellos que tienen dos o tres niveles; todos mantienen la armonía del Yin y del Yang.

Los tejados más recomendables son, los resueltos a dos aguas, pero teniendo cuidado, que no sean demasiado inclinados.

Como regla general, se recomienda que los techos no sean muy bajos (Yin), pues oprimen el chi de los moradores, ni demasiado altos (Yang), de tal forma, que no permiten que el chi de las personas sea estable.

Lo anterior, también es aplicable a los techos o cielos, en el interior de la casa. Evite los huecos, vigas expuestas o las variaciones de altura; todo esto provoca desequilibrios del Yin / Yang en la casa. Se recomienda que se utilicen los colores claros o pastel, para pintar los techos interiores.

Si usted posee una casa con techos muy bajos, puede remediar el problema, decorándolo con espejos y luces, los cuales amplían el espacio y eliminan la sensación de opresión. Cuando se tienen vigas expuestas, ya sea de madera, metálicas o de concreto con fines puramente ornamentales o estructurales, debe recubrirlas totalmente con espejos, papel tapiz de colores o adornarlas con objetos decorativos vistosos y de buen gusto, disimulando de esta forma, el obstáculo y permitiendo que circule el chi. Si acaso este tipo de vigas expuestas, se encontrase en la recámara, nunca deberá colocar la cama de forma transversal a la viga, porque le provocaría problemas de salud a la persona, y además produce la sensación de *"cortar en dos"* el cuerpo de quien duerme en esa cama. Lo mejor es mover su cama de lugar y si esto no fuera posible por razón de espacio, colóquela de forma paralela a la viga.

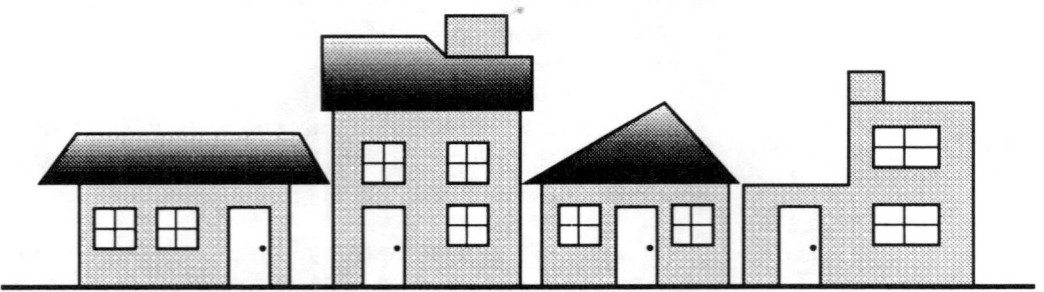

Casas con techos desiguales

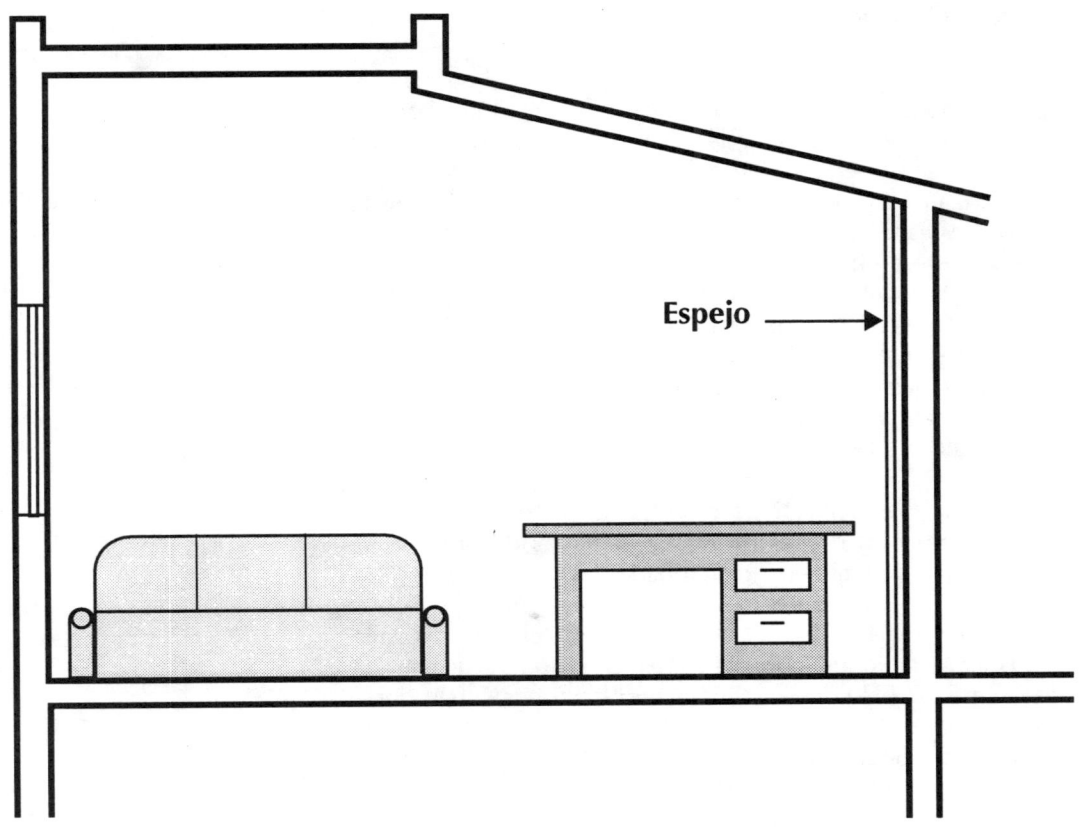

Espejo

Cuarto con cielo desigual

Actualmente es muy común encontrarnos con cuartos cuyo techo es de altura desigual, esto es, que un lado es más alto que el otro. La solución a este caso, será: colocar un espejo de toda la pared, en el lado más bajo de la habitación, tal y como se ejemplifica en la ilustración. Otra opción puede ser, el aplicar la siguiente cura mística: trace una línea por las paredes, alrededor del cuarto, con un hilo de color rojo; tomando como referencia la altura del lado más bajo, esto para equilibrar simbólicamente el techo a una sola altura. Pero esta cura es sólo temporal, pues la única solución al problema, debe ser la colocación del espejo en la pared, o si se tiene la posibilidad, modificar el techo, para que tenga la misma altura en todo el cuarto.

Aunque parezca una perogrullada decirlo, las puertas y ventanas son los espacios que permiten la comunicación del interior con el exterior de la casa y es también por donde entra y circula el chi que debe fluir suave, balanceado y armonizado, tal como la sangre lo hace en el cuerpo. La **puerta principal** es tan importante para la casa, como la boca lo es para el cuerpo humano, por lo tanto una puerta de acceso principal no debe ser demasiado grande y ancha o muy baja y angosta; tiene que ser proporcional con el tamaño de la casa. ¡Imagine usted una mansión con una puerta de acceso principal muy pequeña, o por el contrario una casa de tamaño regular, con una puerta demasiado grande como si fuera la del garaje.

Desde la perspectiva del Feng Shui, tanto la puerta principal, como las demás puertas y ventanas de la casa, se encuentran directamente relacionadas con los pulmones y el intestino grueso (**elemento metal**). Es recomendable que no se encuentren árboles o postes del servicio telefónico o de la red eléctrica bloqueando o en línea, con la puerta de entrada a la casa también debemos mantener las bisagras, pasadores y cerraduras en buen estado y lubricadas, para facilitar la entrada o salida. Cuando una persona presente problemas de salud, vinculados con los órganos que gobierna el elemento metal y después de acudir con el médico para recibir la atención debida; se tiene que verificar que no exista nada incorrecto, o que esté funcionando mal en esas áreas. Recuerdo lo sucedido a una familia, en un lugar del estado de Jalisco, en la República Mexicana, en donde el dueño de la casa tenía serios problemas en el intestino grueso, al grado de encontrarse con fecha programada, para realizarle una intervención quirúrgica, justo unos días después de que yo visitara su hogar. Al llegar a la finca, analizamos todos los aspectos de la misma y me percaté que la puerta principal no se utilizaba, pues se hallaba dañada de los goznes o bisagras y afianzada con pedazos de madera y la cerradura no funcionaba adecuadamente, razón por la que toda la familia usaba la puerta de servicio para entrar y salir de la casa. Les recomendé que corrigieran el problema. Las molestias intestinales desaparecieron casi de inmediato y el paciente requirió únicamente de un tratamiento de recuperación, cancelándose así la cirugía.

Con esto no pretendo hacerle creer que el Feng Shui es mágico y podamos prescindir de la ciencia medica; lo mejor es cuidar nuestro cuerpo y tomar muy en cuenta todo lo que acontece en nuestro hogar, pues como hemos visto a lo largo de este libro, nuestra casa y lo que nos rodea influyen de manera importante en nuestra vida. Recuerde que el lugar en que habitamos, es como nuestra segunda piel.

Quiero hacer hincapié en lo importante que resulta la puerta de ingreso principal a la casa, pues si la casa es grande, pero tiene una puerta pequeña; esto impide que entre suficiente chi y hace que la vida dentro de la casa sea difícil, los padres tendrán dificultades para imponer su autoridad y controlar a sus hijos. Esto mismo sucede si las ventanas son más grandes que la puerta principal, o si el número de ventanas en la casa excede en proporción al de las puertas. —**la proporción ideal será de tres ventanas por cada puerta**—.

En Feng Shui se dice, que las puertas de una casa representan *"la voz de los padres,"* y las ventanas son *"la voz de los hijos"*; por lo tanto en una casa con ventanas demasiado grandes o en mayor número que las puertas, influirá para que los hijos sean rebeldes e irrespetuosos y los padres carezcan de autoridad y control sobre ellos.

La solución es colocar un windchime en la puerta de entrada principal, de manera que, cuando alguien entre o salga, el windchime produzca un sonido melodioso y de ésta manera, sea la puerta *(la voz de los Padres)* la que se imponga.

Cuando la puerta de ingreso principal es demasiado grande y no guarda una proporción en relación al tamaño de la casa, el chi que entra es bastante fuerte y agresivo, disipando así la energía de los moradores de la finca y dejando a su paso sólo problemas económicos, de salud y de relaciones interpersonales.

Si acaso, la puerta principal es muy angosta y además conduce a un pasillo igualmente angosto, influirá para que existan problemas de índole respiratorio en los niños, como: tos, asma, alteración en el ritmo respiratorio, etc., también afecta a las mujeres que se encuentren en edad fértil, provocando dificultad para concebir o riesgos de aborto. El problema se resuelve colocando espejos en ambos lados de la pared.

Todas las puertas al abrirse, deben permitirnos ver todo el espacio interior. Cuando una puerta se abre y nos topamos con la pared, la vida dentro de esa casa, o de la persona que habita en ese cuarto, será llena de dificultades y con nulas oportunidades de progreso; igualmente si la puerta se abre de forma correcta, pero al ingresar nos encontramos al frente con un muro que nos impide ver el interior, de la misma forma, la vida de los habitantes de esa casa, se verá constantemente obstaculizada por diversos problemas. La solución es colocar un espejo en la pared o el muro en cuestión, y de esta forma proporcionar una sensación de amplitud o de quitar el obstáculo frente a la entrada.

Algo que siempre debemos evitar y que para los chinos que conocen de Feng Shui, resulta desastroso, es el hecho de tener la puerta de entrada principal en línea con la puerta posterior de la casa, esto es, que si al abrir la puerta de entrada a la casa y pararse en el umbral de la misma, usted puede ver el patio trasero de la finca sin ninguna dificultad, eso significa que en esa casa nada se retiene, *«que así como llega, se va»*. El chi fluye rápidamente en el interior de la casa haciendo que la suerte, la salud y el dinero se disipen inevitablemente. La cura para este problema es colocar un biombo que evite el rápido flujo de chi o colocar un windchime en el centro del espacio, entre una y otra puerta. Si puede, ponga ambas curas; es lo mejor.

Dentro del ámbito del Feng Shui, las puertas son un tema muy interesante, e incluso de capital importancia para algunos

**Puerta angosta
con windchime**

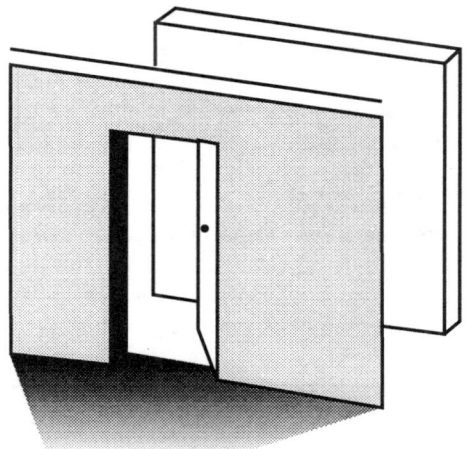

**Puerta que abre
frente al muro**

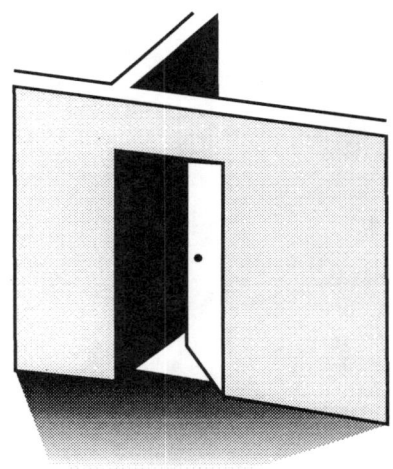

**Puerta que abre
sobre el muro**

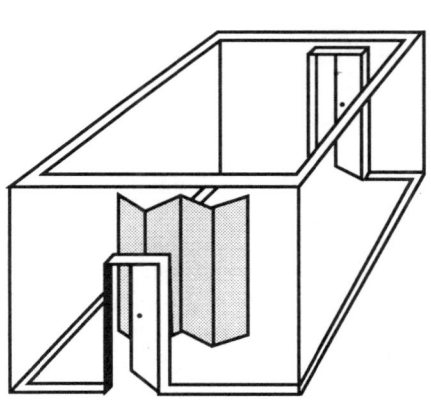

**Biombo
entre dos puertas**

Maestros de éste arte; tanto así, que recomiendan pintar la puerta principal de una casa o negocio de color rojo con los marcos en verde. Según los Maestros del Feng Shui esto es muy efectivo para atraer el respeto, la fama y el dinero, sin embargo de acuerdo a mi experiencia personal, se debe ser muy cuidadoso en no tener pintada la puerta de color blanco por la parte interior de la misma, ya que esto produce una energía negativa que destruye los efectos auspiciosos del rojo.

Como dijimos anteriormente, las puertas es un tema interesante y muy importante; por lo tanto no podemos soslayar el análisis de las mismas en el interior de la finca, aunque aún no hayamos iniciado el examen de los aspectos internos, que trataremos en el próximo capítulo.

Las puertas interiores, las gradas y los pasillos permiten que el chi se distribuya por toda la casa y para lograr adecuadamente ese objetivo, le recomiendo tome en cuenta las siguientes recomendaciones.

• Las puertas siempre deben de encontrarse bien alineadas, es decir; que si hay dos puertas que estén una frente a la otra, estas deberán tener las mismas dimensiones, evitando que una sea más pequeña o más grande que la otra, ya que esto afecta e inhibe el chi de los residentes.

• Si las puertas no se encuentran alineadas, como se explica en el inciso anterior o son de diferente tamaño, se recomienda colocar espejos o cuadros con motivos agradables en los espacios, de manera que cuando la persona salga del cuarto, no se encuentre con una parte de pared y otra de puerta.

• Debe observar hacia donde se abren o cierran las puertas, pues no es recomendable que dos puertas choquen una contra otra. Igualmente si usted tiene que cerrar una, para poder abrir la otra y poder pasar. Esto influye de manera importante, en problemas con la boca y la dentadura.

• La puerta de un cuarto importante, siempre debe ser más grande que la de un cuarto secundario, por ejemplo: un cuarto importante es el dormitorio, mientras que un cuarto secundario sería el baño. Por lo tanto es aconsejable que la puerta del baño sea más pequeña.

• No es recomendable que la puerta de la cocina y la de un dormitorio se encuentren frente a frente, porque los aromas de la cocina no permitirán estar tranquilo al chi de la persona que duerme en ese cuarto e influirán para que siempre existan discusiones y peleas sin motivo alguno. En este caso se puede colocar una cortina de cuentas o abalorios (bolitas) de madera en la puerta de la cocina y un prisma o bolita de cristal entre ambas puertas.

• Jamás se deben encontrar frente a frente, la puerta de la cocina y la del baño, esto es por demás peligroso en Feng Shui, ya que no sólo es antihigiénico, sino que resulta desagradable que los olores y aromas de ámbas áreas se mezclen e influye grandemente para causar problemas digestivos.

• Cuando se da el caso de tener varias puertas en línea, provoca que el chi circule muy rápido y agresivo (Yang) por ese lugar; afectando seriamente las partes centrales del cuerpo. Dentro del folklore Taoísta chino, se dice que a los espíritus zorros les gusta circular por ahí. La solución es colocar un prisma o bolita de cristal en el espacio que hay entre una y otra puerta.

• Un pasillo en el cual se encuentran muchas puertas, induce a que existan muchos argumentos y discusiones entre los que habitan esa casa; casi nunca logran ponerse de acuerdo, ya que cada puerta representa una opinión diferente. La solución es colocar espejos en cada puerta para eliminar el bloqueo y proporcionar una sensación de amplitud, además de poner un prisma o bolita de cristal en el centro del pasillo, para crear una energía positiva.

• En un pasillo que es muy largo y al final del mismo se encuentra una puerta, suele producirse un chi muy fuerte (Yang), provocando afecciones en el intestino: diarreas, dificultades digestivas, etc. La cura para esto, es colocar un espejo en la puerta al final del pasillo y un windchime.

• Se recomienda que absolutamente todos los closets tengan sus puertas y por supuesto, en buenas condiciones, pues si no es así, se producirá un chi muy Yin que afectará la seguridad de las personas.

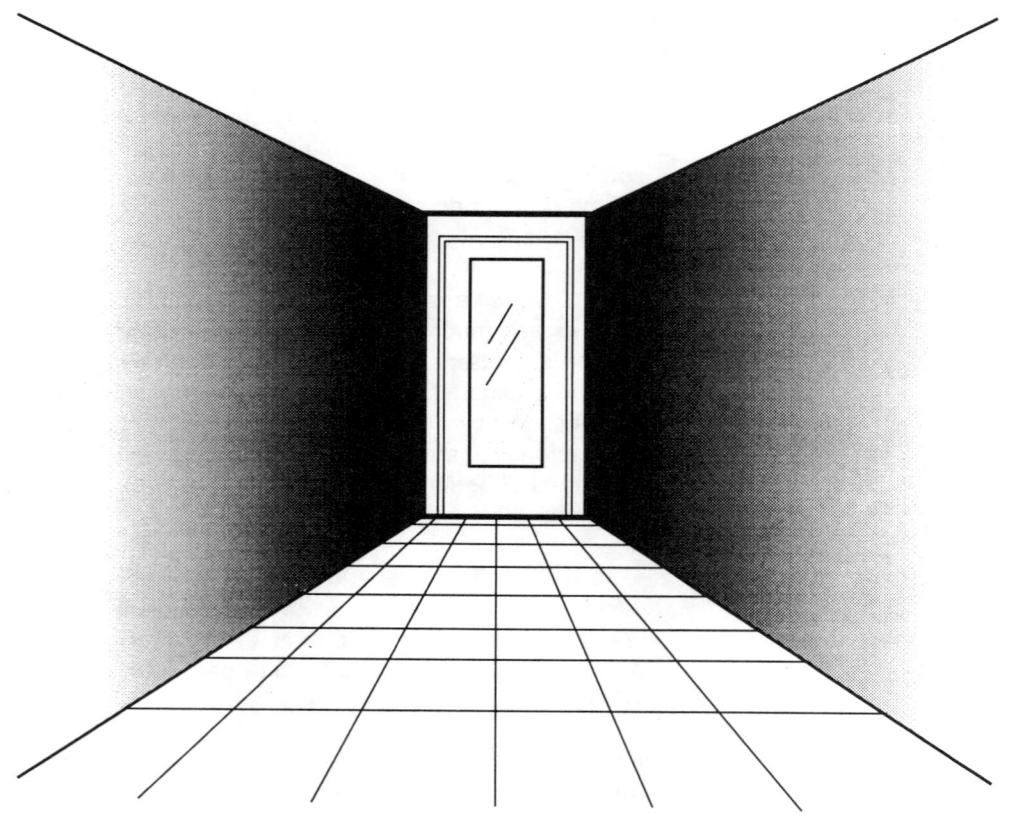

Puerta al final de un pasillo largo

• No es conveniente clausurar puertas, porque como hemos explicado anteriormente, se trata de conductos por los cuales circula el chi en el interior de la casa y al cerrarlas se está obstruyendo el paso del chi a esa área. Si recuerda estimado lector, dijimos que las puertas y ventanas pertenecen al elemento Metal y por lo tanto, tienen que ver con los pulmones y el intestino grueso. Al clausurar una puerta o ventana, es muy probable que se presenten problemas de estreñimiento o dolores internos en la región del pecho o el área del abdomen.

• La puerta trasera que en la gran mayoría de los casos conduce al patio posterior, representa las oportunidades indirectas. Por lo tanto para lograr que la situación dentro de la casa sea más auspiciosa, ésta puerta debe de abrirse hacia afuera, lo que simboliza grandes oportunidades de crecimiento económico.

• Por último y no por eso menos importante, recuerde siempre mantener todas sus puertas limpias, lubricadas y en buen estado, para que el chi fluya fácilmente.

Indudablemente al igual que las puertas, las ventanas son sumamente importantes para la casa, por su función de ventilación e iluminación. También dejamos claro que pertenecen al elemento Metal, lo que hace que tomemos en cuenta las mismas precauciones que debemos tener para con las puertas. Hasta aquí, conocemos la solución para una ventana que se encuentra orientada hacia el poniente y también de la relación numérica entre puertas y ventanas, además de saber lo que sucede cuando las ventanas son más grandes que la puerta de entrada principal. Pero permítame adicionar los siguientes consejos, que le servirán de mucho al analizar las ventanas:

• Las ventanas deben ser más altas, que el residente más alto de la casa, porque si esto no es así, existe la predisposición a sufrir constantes jaquecas.

• Las ventanas no deben tener vidrios rotos, ya que provocan problemas en los ojos y oídos.

• Deben abrirse siempre hacia afuera. Esto permite una mejor circulación del chi.

• Evite en lo posible las ventanas corredizas. Según lo chinos, esto provoca constantes discusiones entre la pareja y existe propensión para verse mezclado en chismes infundados.

• Procure mantener la ventanas cerradas y correr los cortinajes al llegar la noche, esto evitará que cualquier persona le domine desde el exterior y permitirá que su chi esté tranquilo y relajado.

Ventana con vidrios rotos

CAPÍTULO TERCERO

EL INTERIOR DE LA CASA

Es muy importante tomar en cuenta cuál es la impresión que se produce al entrar a una casa por primera vez y es conveniente saberlo porque de eso dependen muchas cosas, entre ello la salud y el bienestar general y económico de la familia.

Si al entrar a la casa nos encontramos con el **recibidor,** eso está bien, porque se distribuyen las habitaciones de la casa con un orden y la primera impresión que nos estamos llevando es neutral. Pero el problema se produce cuando no existe esa área de recibimiento y al abrir la puerta principal nuestra vista, o sea nuestro chi, puede dirigirse hacia diferentes partes.

¿Qué pasa cuando al entrar vemos alguno de los siguientes cuartos? : si usted ve la **sala** o el **estudio**, es bueno; especialmente en el segundo caso, cuando la persona regresa a su casa va a querer dedicar su tiempo a estudiar o realizar algo productivo.

Si lo primero que ve es la **cocina** o el **comedor**, eso hace que la persona quiera estar comiendo con frecuencia, o bien que lleguen muchos "invitados" a la hora de la comida. Esto puede remediarse colocando un prisma o bolita de cristal entre la puerta principal y la cocina o el comedor.

La peor situación es cuando lo primero que se mira al abrir la puerta principal es el **baño**. Eso hace que la persona tenga deseos incontrolables de hacer uso del inodoro tan pronto entra a su casa (una especie de efecto Pavlov), y si bien eso es delicado, también se produce otro problema, pues hay pérdidas de dinero y la salud se estropea. Para éste caso se recomienda colocar una bolita de cristal entre la puerta del baño y el ingreso principal, además de que tiene que poner un espejo total en la puerta del baño de manera que cuando usted entre a su casa vea el espejo.

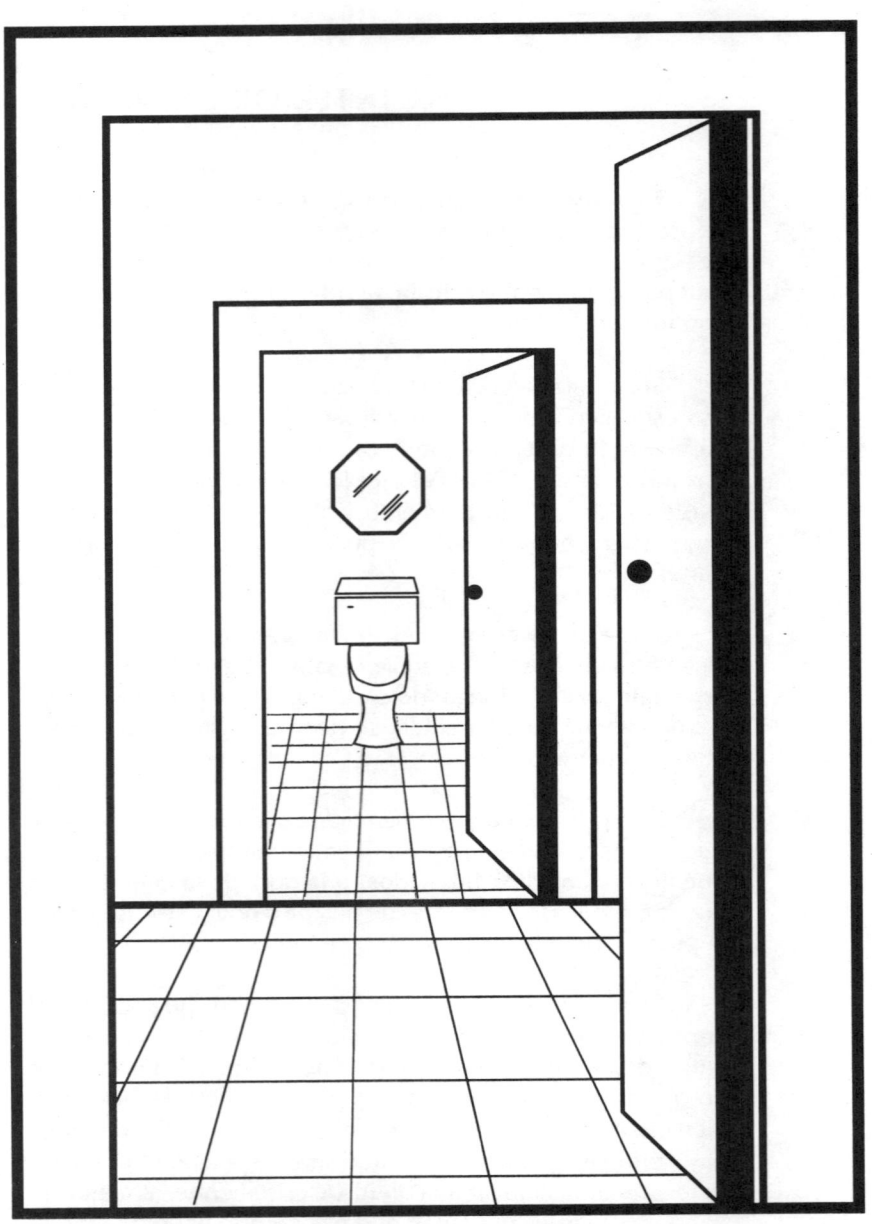

Baño que se ve desde la puerta principal

La *sala* de la casa es lo que refleja a los visitantes la forma en que una familia vive. Si al entrar a la casa la sala se ve agradable, limpia, ordenada y sus muebles bien distribuídos, la impresión es buena. Por el contrario si al entrar a la sala se ve triste, descolorida y descuidada, esa será la impresión que obtengamos de los que ahí viven.

En la sala es donde se recibe a las personas que vienen a visitarnos. Si usted recibe visitas, siéntase afortunado, porque hay muchas personas a quienes nunca las visitan. La realidad es que cuando una persona va a visitar a algún amigo, está dejando a un lado sus propias actividades. Eso indica una verdadera muestra de cariño, desde luego excluyendo las visitas que se hacen para vender cualquier producto o para otros fines.

La distribución de los muebles en la sala, debe hacerse de manera que resulte agradable a la vista y que cuando la sala está en uso, todas las personas que estén allí se sientan confortables.

Los muebles deben colocarse de modo que, tanto el anfitrión como sus visitas tengan control sobre la puerta de entrada principal, para que si alguien entra no tengan sorpresas de ninguna clase. El buen gusto y el deseo por mantener agradable la casa, son esenciales para poner un buen chi a la misma.

El arreglo de la sala en forma octagonal es muy auspicioso, aunque cualquier otra forma en la que se tome en cuenta la recomendación anterior, de mantener control sobre la puerta principal estará igualmente correcta.

Generalmente se acostumbra poner la **chimenea** en la sala y eso está bien, cuando la misma se usa en los meses de frío. ¿Pero qué pasa cuando nos encontramos en los meses de clima templado?, ¿Cuál es la impresión que causa la chimenea en esos meses de calor cuando la misma no se utiliza?. La verdad es que cuando uno entra a una casa que tiene chimenea y esta no se usa, ese espacio vacío y lóbrego produce la sensación de ser una tumba dentro de la casa, por lo que es necesario cambiar el chi que se produce ya que es demasiado Yin.

La chimenea y sus efectos

Supóngase que la chimenea está ubicada en el área del dinero, eso favorece la actividad económica cuando la misma está en uso, pero perjudicará todo el tiempo en que está inactiva.

Para remediar esta situación se aconseja que ponga un espejo en la parte superior de la chimenea, además se debe colocar un conjunto de nueve plantas en macetas, distribuidas graciosamente por toda la chimenea y simular fuego con unos leños, una luz y/o papel celofán rojos, la cual debe encenderse por las noches o cuando lo estime conveniente, para dar una sensación de actividad.

LOS DESNIVELES Y LAS GRADAS

Existen lugares donde es muy común encontrar casas que tienen muchos desniveles. Por ejemplo: suponga que vive en una casa con estas características, usted se puede encontrar con una grada al entrar a la casa, luego con un escalón que lo lleva a la sala y que está unos cincuenta centímetros por debajo del piso de la entrada. De allí usted camina hacia otro lado y tiene que subir otras dos o tres gradas y ya está en el comedor o el estudio. Después sigue caminando y se va a dar cuenta que la cocina está abajo o que los baños están en otra área situada en la parte superior. Eso no es bueno, ya que el sólo hecho de *«andar de un lado al otro, y de arriba para abajo»* dentro de la casa produce cierto cansancio y confusión.

Se dice que los **desniveles** como su nombre lo expresa, producen un *"desnivel"* o *"desequilibrio"* y las vibraciones de un nivel a otro son totalmente diferentes.

Si quiere experimentarlo por sí mismo, colóquese primero en un lugar y luego siéntese en una silla; acto seguido súbase en esa silla y medite para ver como se siente. Descubrirá que efectivamente las vibraciones en uno y otro lugar son diferentes. Si acaso tuviese algún desnivel en la recámara principal, lo más conveniente es colocar la cama en la parte más alta, para que las vibraciones le favorezcan.

No es recomendable que el piso del baño en una recámara principal sea más alto que el de ésta, porque eso produce muchos conflictos entre la pareja.

Hablando de las gradas o escaleras, ya sea de las que están en el exterior de la casa o bien las que se encuentran en el interior, siempre se recomienda que sean construidas de manera que sean seguras, anchas, no muy altas y artísticas. Las gradas angostas, muy empinadas y sin espacio son peligrosas y hacen que el chi literalmente se resbale.

Toda **escalera** debería tener su respectivo pasamanos, lo que brinda seguridad y estabilidad. Asimismo, se recomienda que las gradas no tengan espacios vacíos entre uno y otro peldaño, sino que deben estar cubiertas para evitar que el chi se escape y desde luego para que pueda llegar hasta el piso superior.

Hay un tipo de escalera que cuando usted entra a la casa, una parte de la misma lo conduce hacia un piso más alto y la otra lo lleva hacia un piso abajo. Este tipo de gradas o escalera no es recomendable y en algunas escuelas de Feng Shui se les conoce como: **Escalera Pato Mandarín**, ya que semeja la silueta de esta exótica ave oriental. Secciona en dos el chi y produce un desequilibrio entre el Yin y el Yang.

Peor aun si la distancia entre la puerta y la escalera, es menor que la estatura de la persona más alta que vive en la casa. Para remediar este problema se recomienda colocar un windchime entre la puerta y la escalera, así como una planta la cual debe estar en el frente de la puerta.

No es recomendable que cuando usted abra la puerta principal, se encuentre inmediatamente con una **grada**, porque eso desajusta el chi, y provoca que uno llegue eventualmente a sufrir resbalones peligrosos no solo dentro de la casa, sino también en el desempeño de sus actividades cotidianas, por lo que para curar este problema se recomienda colocar un prisma o bolita de cristal, entre el espacio que hay de la puerta a la grada.

Las gradas o escaleras pueden afectar de varias maneras a los habitantes de una casa y deben examinarse con mucha atención para poder prevenir todos los problemas posibles.

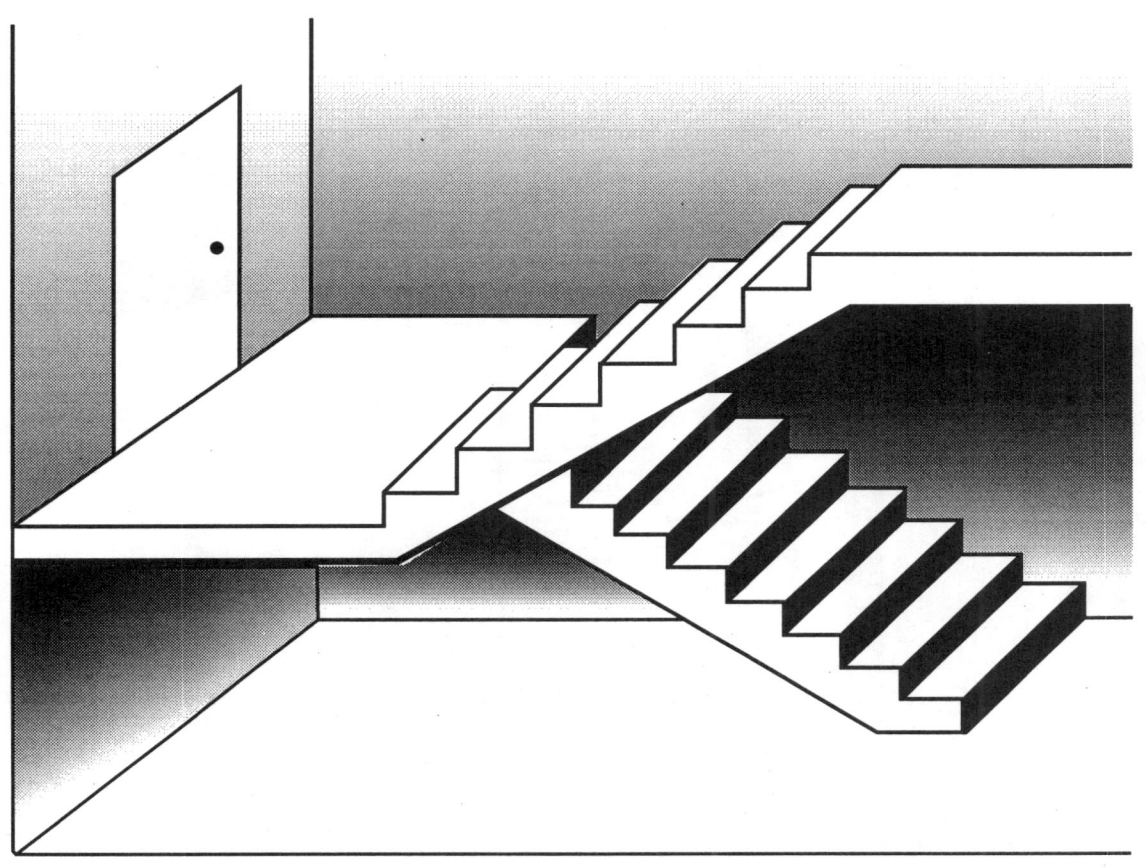

Escalera Pato Mandarín

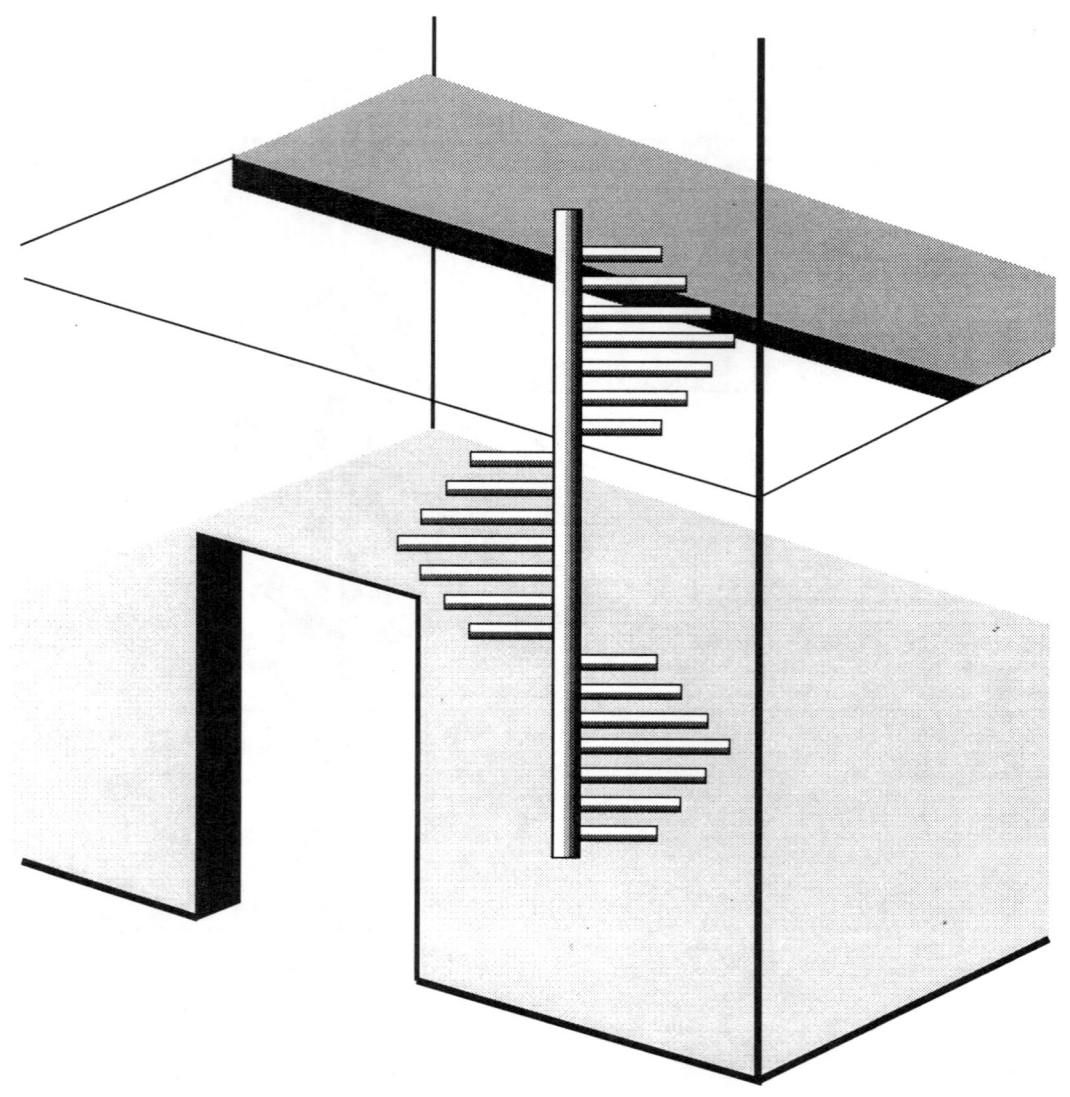

Casa con escalera de caracol interna

De todos los tipos de escaleras que existen, se estima que las que tienen forma helicoidal; comúnmente llamadas *"escaleras de caracol"*, son bastante peligrosas, pues dan la impresión, de ser objetos letales que se encuentran dentro de la casa, afectando el chi y los órganos internos de los que viven allí. Dependiendo del área en que se encuentren ,así es como se va a afectar el área del Ba-gua correspondiente.

Generalmente eso conduce a padecer enfermedades del tipo Yang o de aparición violenta, como por ejemplo: intervenciones quirúrgicas de emergencia, accidentes automovilísticos o de otros tipos, igualmente podrían producirse problemas cardiovasculares muy serios o trombosis cerebrales, etc. La cura para ésta situación es poner un windchime, así como una luz en el techo del lugar donde se encuentra la escalera. Debe además cubrir los espacios entre escalón y escalón, que generalmente tienen este tipo de escaleras y poseer su respectivo pasamanos.

Otro tipo muy común de escaleras o gradas, son aquellas en las que usted baja del segundo piso y dichas gradas lo llevan directamente a la puerta de entrada principal. Estas gradas no son recomendables porque provocan que el chi de la casa se escape por la puerta de entrada llevándose la salud, la suerte y la fortuna de los residentes de esa casa.

La colocación de las escaleras dentro de la casa, así como la forma y la dirección es vital para el bienestar general de los que viven dentro. Las personas de origen oriental en los Estados Unidos se cuidan de no comprar casas que tengan la escalera en ésta forma.

Actualmente muchos constructores, especialmente en el Estado de California, donde la población oriental es significativa, construyen las casas tomando en cuenta éste y todos los factores de Feng Shui. Inclusive es ya muy aceptado en las transacciones de bienes raíces, que cuando una persona que va a comprar una casa y ha dejado un depósito, pueda desistir en concretar el negocio si su maestro de Feng Shui le dice que la casa no reúne las condiciones adecuadas. La cura para este problema es poner un windchime entre la última grada y la puerta de entrada principal.

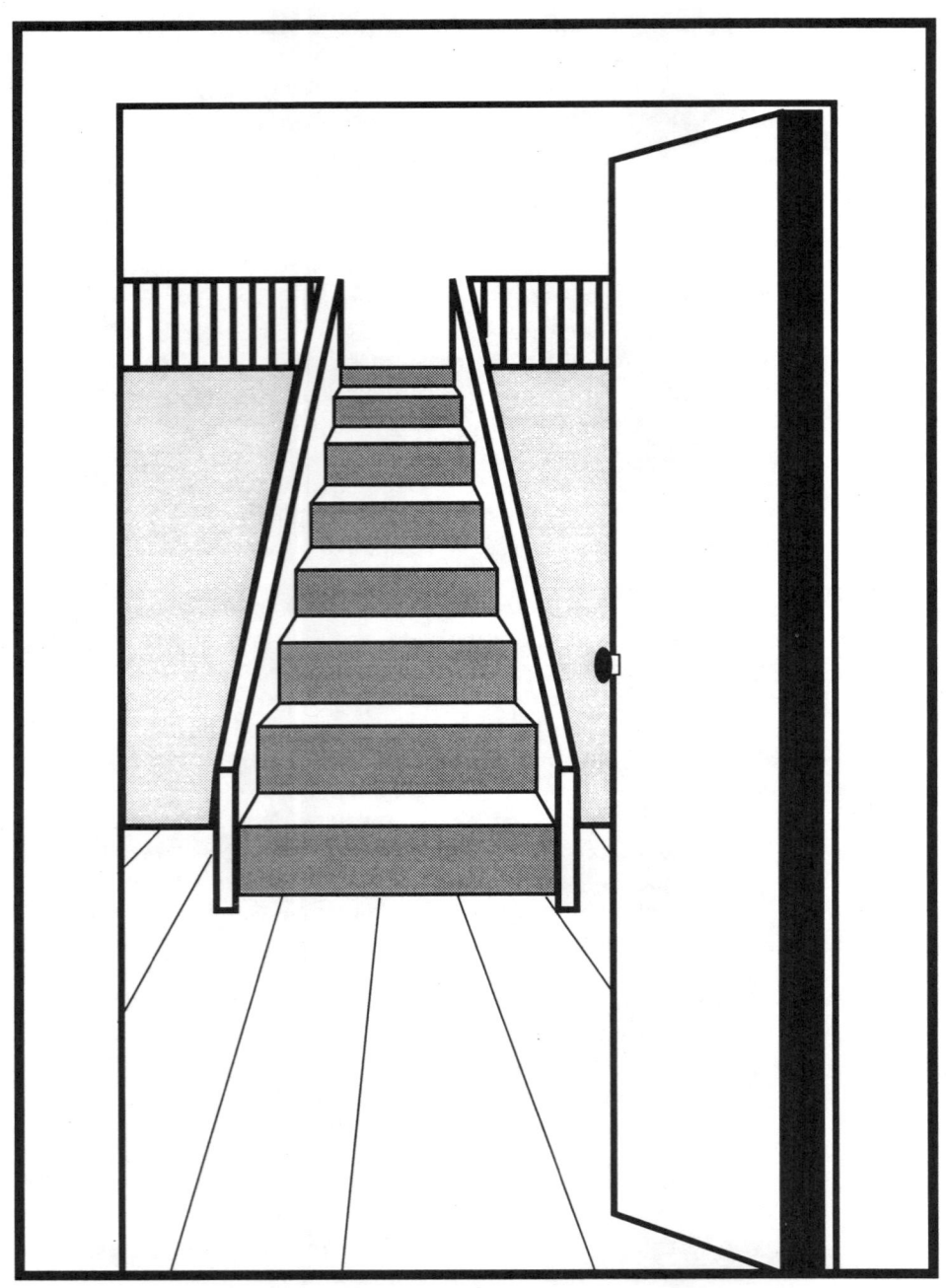

Escalera hacia la puerta principal

En ocasiones se acostumbra usar los espacios que quedan debajo de las escaleras para poner baños y como casi siempre no se tiene la altura necesaria, a causa del declive que se forma en la parte inferior de la escalera, se procede a cavar el piso, de manera que cuando usted va a entrar a ese baño tiene que bajar unas dos o tres gradas. Aquí se produce un desequilibrio grande y además se hiere *"la carne del dragón"* que queda debajo de la casa, por lo que las personas que viven allí, van a estar expuestas a accidentes y problemas, algunos jurídicos y otros, en donde interviene la violencia física. Para evitar los efectos de este desequilibrio del Yin/Yang se aconseja que ponga un windchime en el espacio que queda antes de entrar al baño. También una bolita de cristal dentro del baño entre el inodoro y la puerta de entrada.

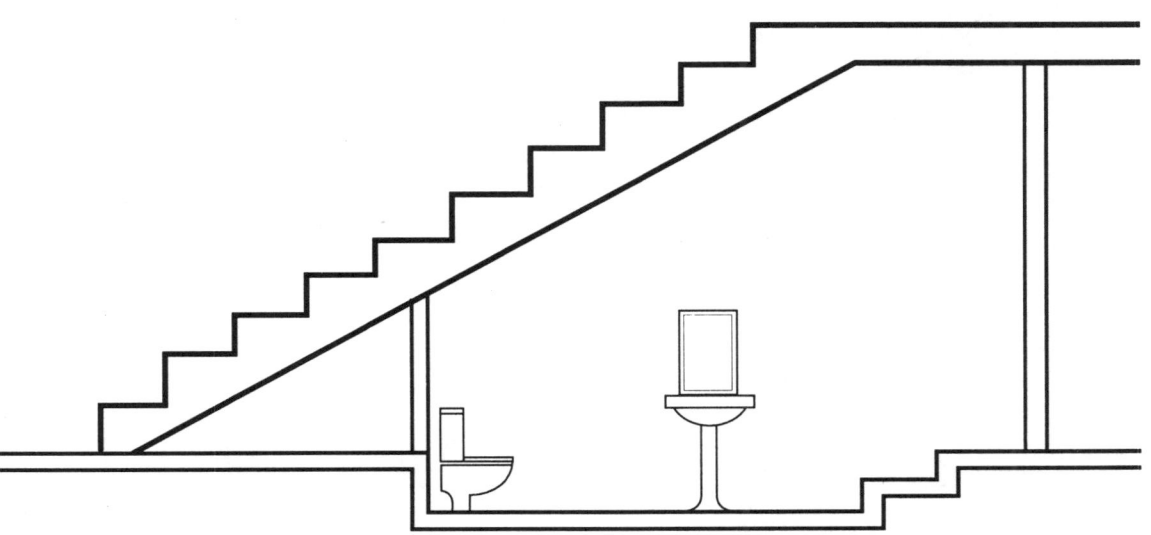

Baño bajo la escalera y con desniveles

Igual que en el caso anterior, es muy frecuente
· encontrarse con dormitorios que tienen una parte del espacio
ocupado por una escalera que conduce a otra parte de la
casa y entonces la cama se sitúa debajo de esta. Eso no se
debe hacer, porque el chi de la persona que duerme ahí se
oprime y le pueden suceder situaciones de naturaleza
peligrosa. Para resolver éste caso se recomienda primero, que
quite la cama de ese lugar y la pase a otro lado que sea más
conveniente. Luego coloque espejos a todo lo que es la parte
inferior de la escalera para desaparecer lo agresivo de esa forma.

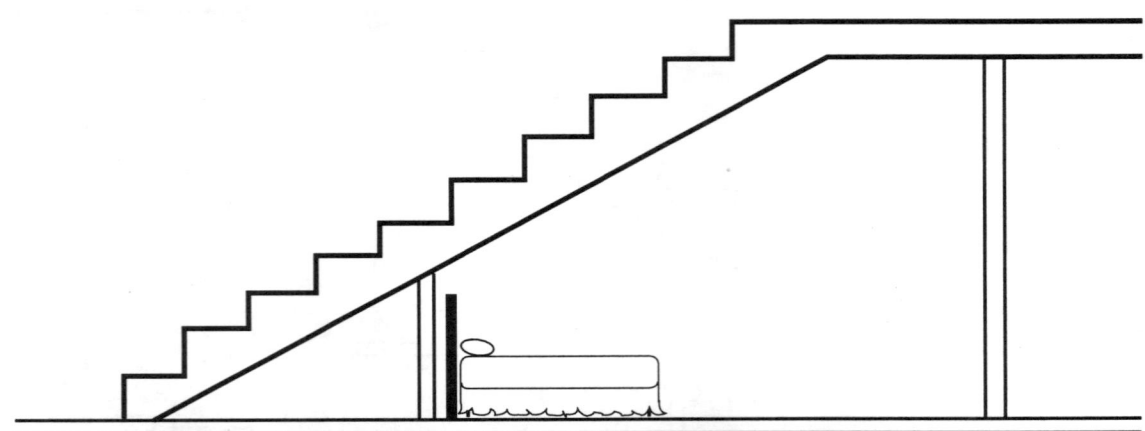

Cama debajo de declive de escalera

La cocina es uno de los cuartos de la casa que tiene muchísima importancia en Feng Shui porque representa *la riqueza de la familia*. En el idioma chino las palabras comida y dinero tienen el mismo valor fonético, por lo que al pronunciarlas, suenan casi igual. En la cocina es donde se prepara la comida que alimenta, proporciona salud y efectividad a las personas. Existe una relación directa entre la comida, el dinero y el rendimiento para ganarlo. Si la comida satisface y nutre, tendremos energía para trabajar y ganar buen dinero, por el contrario si la comida es pobre en nutrientes y mal balanceada (comida chatarra), no se tendrá la energía ni el potencial para ganar dinero e igualmente también así será nuestra vida. Por esa razón hay que prestarle mucha atención a la cocina.

En sí, el cuarto donde está ubicada la cocina debe de ser amplio, con buena iluminación y ventilación; tiene que ser espaciosa para que quien cocine pueda moverse y trabajar sin obstáculos, lo que permite que la comida sea más sabrosa y nutritiva, facilitando además que uno avance en las finanzas y en otros aspectos de la vida.

En Feng Shui y de acuerdo con la ley de los cinco elementos, la cocina y el comedor se encuentran relacionados directamente con el elemento fuego siendo el corazón y el intestino delgado los órganos gobernados por dicho elemento. Aquí vuelvo a repetir lo que explicaba en otro capítulo: que cuando hay problemas en esos órganos, se observe que hay en la cocina o el comedor que no está correcto y lograr determinar si eso afecta el normal flujo del chi. El lugar ideal para situar la cocina, se localiza en la segunda mitad de la casa, del frente hacia atrás y no se recomienda que se ponga en el área central de la misma, porque al colocarla allí, no se tendrá la ventilación adecuada y los aromas de la comida se van a quedar impregnados en el ambiente, esto se agrava aún más en los lugares donde por razones climáticas, uno tiene que vivir en lugares cerrados y con clima artificial.

La persona que se encuentre cocinando debe tener absoluto control cuando se encuentra en la cocina y no ser sorprendido por ninguna situación. Quiero subrayar una cosa, que tal vez algunos consideren una simpleza o sin importancia, pero que es bueno meditar sobre el particular, y es el hecho, de que el acto de comer, no consiste únicamente en llevarnos algo de comida a la boca y de esta manera cumplir con un requisito indispensable para subsistir. El acto de comer, debe ser un momento muy especial, que tenemos que disfrutar plenamente porque recibimos los dones que nuestra madre naturaleza nos proporciona para nutrirnos y reabastecer nuestra energía, no solo física, sino también espiritual. Con el actual ritmo de vida que los mismos seres humanos *"civilizados"* nos hemos impuesto, el acto de comer se ha vuelto un simple intermedio, en nuestras frenéticas actividades diarias y el cual, casi siempre lo realizamos con premura y en ocasiones hasta de mal humor.

Igualmente a la hora de preparar los alimentos se recomienda a la persona que esté haciendo la comida, se encuentre tranquila, relajada y con buen estado de ánimo, porque esas vibraciones harán que la comida sea sabrosa, nutritiva y agradable para los que la ingieren. Hay quienes se gastan grandes cantidades de dinero comprando comida natural, orgánica y de primera calidad, pero que al cocinarla no la preparan con amor es muy posible que esa comida no sustente ni haga el efecto deseado, por lo que así como entra, así sale. Por todo esto es que insistimos que todo lo que se encuentra en la cocina es importante.

Dentro de la cocina el objeto más importante es la *estufa* y hay muchos factores que deberían tomarse en cuenta para hacerlo todo muy favorable.

En primer lugar, la ubicación de la estufa es crucial. Colocar la estufa en un lugar apropiado acarrea consecuencias de incalculable valor; de la misma forma que se producen cosas negativas cuando no está bien colocada. *La mejor posición de la estufa dentro de la cocina es como si se tratase de una isla*, en la que la persona que cocina, pueda moverse y operar desde cualquier parte sin obstáculos, ver hacia cualquier dirección y tener control sobre la puerta de entrada, para que nadie la sorprenda.

Otra buena posición es cuando la estufa se coloca lo más lejos que sea posible de la entrada a la cocina, siempre tomando en cuenta que quien cocina no debe encontrarse de espaldas a la puerta, sino que debe tener control de quién entra y quién sale.

También debe cuidarse de que no queden espacios muy grandes entre la pared y la estufa, ya que eso podría dar lugar a pérdidas económicas.

La higiene en la cocina es también importante por lo que se recomienda que la misma se limpie perfectamente bien después de cada uso. Es muy frecuente ver casas donde se amontonan los trastos en la tarja o el lavaplatos, esto genera una energía negativa que produce pereza, desánimo y falta de acción.

Los quemadores de la estufa deben estar bien limpios, engrasados y operar sin dificultad al primer toque. Todos los quemadores deben alternarse y no usar siempre los mismos pues en la estufa también se toman en cuenta los ocho lados del Ba-gua, por lo que se recomienda que se siga una secuencia similar al giro de las manecillas del reloj. Los pilotos siempre deben estar encendidos y en buenas condiciones.

Si la estufa ya está colocada y usted queda de espaldas a la puerta de la cocina, debe poner un espejo detrás de la estufa, en la forma como se indica en la figura. Esto sirve no sólo para tener control y observar lo que pasa detrás, sino también para multiplicar simbólicamente las hornillas y la comida, lo que al final se transforma en dinero.

EL COMEDOR

También el comedor es importante, ya que es el lugar donde uno puede sentarse a degustar los alimentos y porque es el lugar idóneo en donde la familia se puede reunir. La hora de comer, además de ser una actividad socializadora, es también el momento en que los seres humanos se encuentran más receptivos. En los tiempos que estamos viviendo, la gente ya casi ni se sienta para comer. Los comedores y las cocinas han empezado a convertirse en áreas simplemente ornamentales. ***Debemos procurar que el comedor se use lo más posible, puesto que ahí se permite una relación más directa entre los miembros de la familia.*** Es precisamente en esos momentos, que la herencia de los usos y costumbres familiares por parte de los mayores se transmite a los hijos. Es en el comedor donde se reciben la mayoría de lecciones acerca del buen comportamiento, modales adecuados, reglas sociales básicas y la virtud de compartir con otros.

El hecho de que poco a poco se haya ido perdiendo la costumbre de reunir a la familia alrededor de la mesa a la hora de comer, a causado en los jóvenes el desconocimiento del uso correcto de los cubiertos para comer y la ignorancia de los más elementales principios de urbanidad. Ya mencionábamos en un capítulo al principio de este libro, que la humildad, la sencillez y si quiere la pobreza de una persona no son obstáculo para tener buenas costumbres.

Desde el punto de vista del Feng Shui, el comedor y la cocina deben estar lo más cerca que sea posible el uno del otro, porque es evidente que son complementarios. Como decíamos anteriormente no se recomienda que el comedor y la cocina están ubicados de tal manera que al abrir la puerta de entrada principal sea lo primero que usted ve. Cuide que la mesa no sea muy grande, sino apropiada al tamaño del cuarto y de la cantidad de miembros que hay en la familia. Si en la casa solo viven dos o tres personas y usted tiene una gran mesa para diez o más , allí se está sacrificando espacio. Pero acaso usted piense que el tener un comedor grande, es muy útil para cuando la familia se reúne en ocasiones especiales. Yo me atrevería a preguntar, ¿Con qué regularidad se presentan esas ocasiones tan especiales; Navidad, Fin de Año, su cumpleaños?, ¿Y el resto del año, qué?: el comedor se encuentra adornado con un florero o un arreglo de frutas artificiales, convirtiéndose de esta manera, en un restringida para todo mundo, pues se corre el riesgo de maltratar las sillas o la mesa. Para esos casos, que se presentan dos o tres veces por año, se pueden rentar mesas con sillas por el tiempo necesario y de esta manera no se sacrifica el espacio del comedor. Evite la costumbre de comer en la cocina, esto provoca constantes desacuerdos y discusiones familiares.

La **forma de la mesa** del comedor más recomendable será la de un *octágono regular*, sin embargo una mesa *cuadrangular o circular* igualmente es buena; siempre y cuando guarde la proporción, con el tamaño del cuarto. Las mesas que tienen forma ovalada o a las que les faltan las esquinas, incluyendo las rectangulares demasiado largas, o que se les cortan las esquinas para que semejen un octágono, —que en éste caso no sería un octágono perfecto— no son nada recomendables.

LOS BAÑOS

Dentro de las concepciones filosóficas del Feng Shui y la ley de los cinco elementos, los baños se relacionan con el Elemento Agua y los riñones, junto con la vejiga urinaria son los órganos gobernados por dicho elemento. En cuanto a la ubicación más recomendable dentro de la casa, tendremos en cuenta lo mismo que sugerimos para la cocina. Ni la cocina, ni el cuarto del baño deberían estar ubicados en la línea central de la casa, porque esa posición influye para que se presenten problemas de salud entre ellos, dolores en la columna vertebral y en los órganos sexuales.

Si usted ya tiene el baño en el centro de su casa, la forma en que podría remediar la situación, es poniéndole espejos por dentro a las cuatro paredes, lo cual cambia el chi y desde luego colocando otro espejo en la puerta del baño, por la parte exterior. Aunque esta solución le suene descabellada y ridícula, le aseguro que produce buenos resultados, claro está que aún le quedará la opción de reubicar el baño en otro lugar de la casa.

Las tuberías interiores y exteriores de la casa deben revisarse constantemente para prevenir fugas de agua, así mismo deben cambiarse los empaques de hule de las llaves de cocina, lavamanos y bañera para que no se tire el agua, ya que al haber fugas se producen perdidas de dinero y de salud en los residentes de la casa. Es oportuno mencionar que esto también incluye los ductos del drenaje y las tuberías de gas.

Revise constantemente el depósito de agua del inodoro para verificar que no haya *escapes de agua* y evitar las consecuencias negativas que esto ocasiona. A veces, se producen escapes de agua tan imperceptibles en los interiores del W.C., que uno llega a pensar que todo está correcto, pero esos escapes se repercuten en el bolsillo porque así como se escapa el agua, así se va el dinero.

La posición del inodoro tiene mucha relación con las finanzas de la familia. Si cuando usted abre la puerta del baño lo primero que ve es el inodoro, eso produce un impacto yin al subconsciente que le resta productividad a las personas y les induce al desánimo y provoca inestabilidad, ya que el dinero se escapa acarreando limitaciones, una vida difícil y problemas de salud. Lo mejor es que el inodoro quede escondido de manera que al entrar usted no lo vea. Realmente creo que son pocas las casas, con la suerte de que el W.C. no se vea desde afuera.

Si usted ya tiene el baño en las condiciones negativas indicadas anteriormente se recomienda que ponga un espejo en la puerta del baño por fuera, de manera que usted se vea antes de abrir la puerta, además coloque un prisma o bolita de cristal por dentro del baño entre el inodoro y la puerta.

Algunas teorías advierten que el baño no debe estar ubicado hacia el norte para evitar que se produzcan accidentes. Recuerde que la puerta del baño nunca debe quedar frente a la cocina o el comedor pues es obvio que las actividades de cada cuarto son incongruentes y de ser así causa problemas digestivos a las personas que habitan en la casa. Sin embargo, por razones de espacio es muy común encontrar casas en donde el baño, el comedor y la cocina se pueden mirar casi desde cualquier lugar en que uno esté ubicado. Para curar esta situación se recomienda colocar un espejo cubriendo totalmente la puerta del baño y una bolita de cristal entre la puerta del baño y la de la cocina o el comedor. Igual de importante es no dejar el baño cerca de la puerta principal, para que al entrar o salir éste no se vea ya que de ser así, le podría atraer problemas en el área de los intestinos,

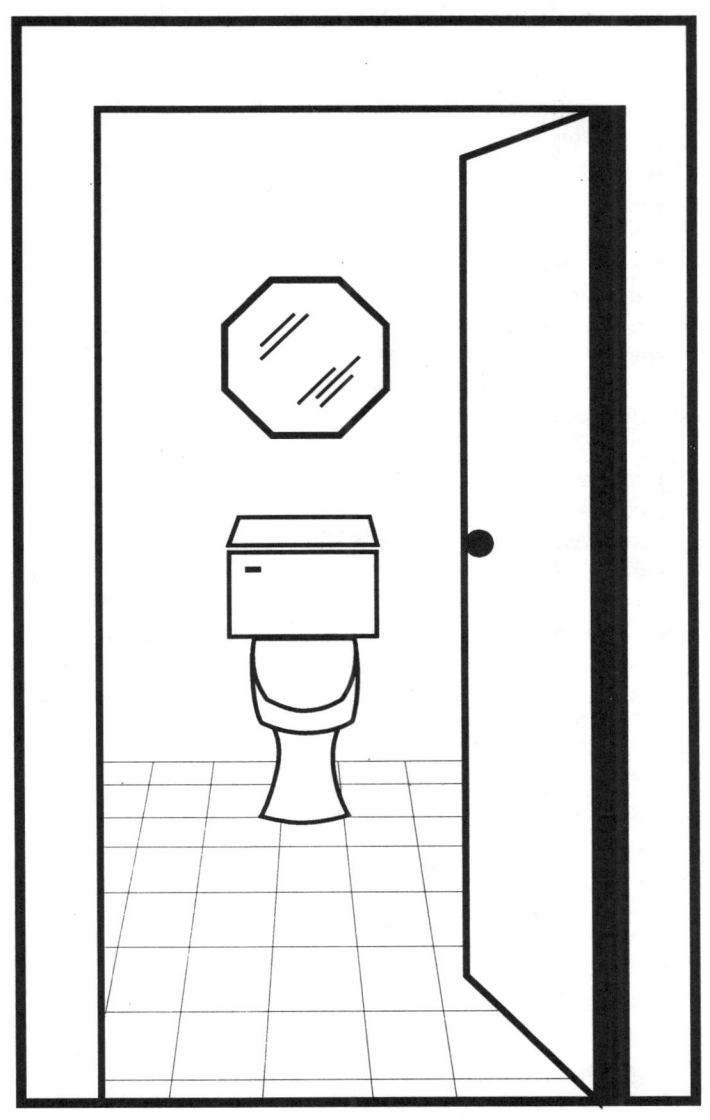

Toilet a la vista al abrir la puerta del baño

especialmente en el intestino grueso. Los colores más recomendables y auspiciosos para pintar los baños deben ser pálidos, claros o pastel, exceptuando el color rosa y sus variantes. Como sugerencia se podrían usar cualquiera de los tonos de verdes, amarillos o azules claros, porque con esos colores se ayuda a mantener la armonía familiar.

Al construir un baño en los pisos superiores, es muy conveniente fijarse bien en la ubicación que va a tener el W.C., pues **hay casos en que se dejan los baños arriba de la cocina, el comedor o de las recámaras, lo que atrae muy mal chi.**

Según los Maestros de Feng Shui, simbólicamente todo lo que acontece en el cuarto de baño, cae sobre los cuartos inferiores bañando literalmente todo lo que en ellos se encuentra. Ahora que conoce esto, reflexione un poco acerca de lo que representa tener un baño arriba de la cocina, el comedor o su recámara.

Nos hemos encontrado con muchas casas que tienen situado el baño sobre alguna de las áreas antes mencionadas y a las familias que viven en esas casas les va muy mal. Algunos profesionales de la construcción, argumentan que la posición del cuarto de baño sobre la cocina, es para utilizar los mismos ductos de agua y drenaje. Pero, ¿no cree usted que sería más practico y preferible colocar el cuarto de baño superior sobre el cuarto de baño que se encuentra en la planta baja (si es que se tiene baño en la parte inferior) y hacer uso de los mismos ductos, que colocarlo sobre la cocina?.

Desde luego que la posición del baño sobre la cocina, el comedor y la recámara principal jamás se justifican. Una solución para curar este problema será colocar espejos artísticamente en el techo del área que se encuentra bajo el cuarto de baño y de esta forma *"filtrar"* el chi negativo.

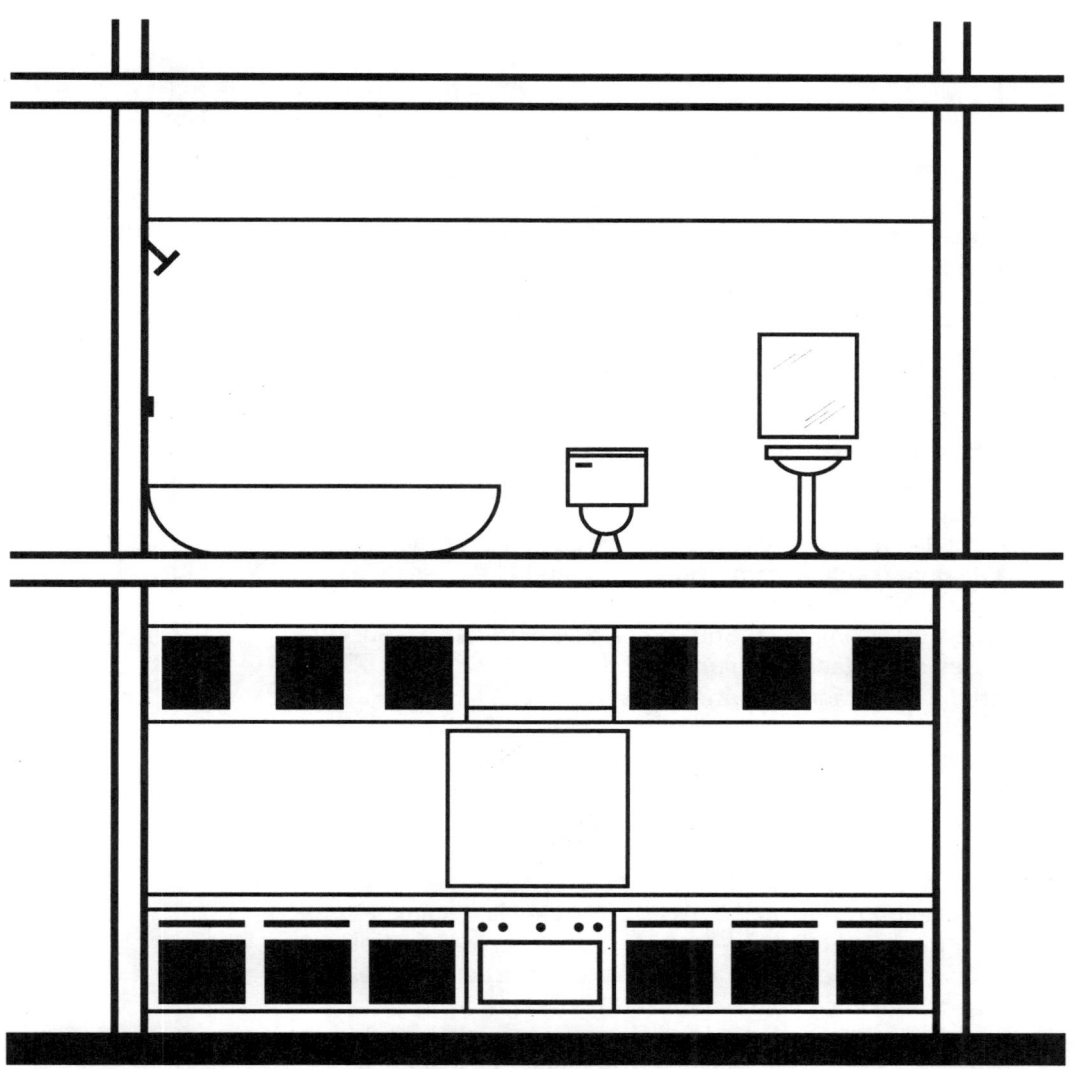

Cocina debajo del baño

LOS DORMITORIOS O RECÁMARAS

Estimado lector, el dormitorio o recámara, es el lugar donde transcurre una tercera parte de nuestra vida. Tal vez ha escuchado decir que: *"El día se divide en veinticuatro horas de las cuales ocho son para trabajar, ocho para distraerse y las restantes, son para dormir"*.

Siendo el dormitorio un lugar tan importante, lo menos que podemos hacer es arreglarlo de manera en que haya armonía y contraste con todos los objetos que se encuentran dentro del mismo. Lo ideal es que el dormitorio tenga un buen **contraste entre la luz y la oscuridad**. Eso significa que durante el día debe haber claridad y ventilación en el cuarto, pero durante la noche, ha de prevalecer un ambiente de semi-penumbra o preferentemente de oscuridad total, para que usted logre alcanzar grados de relajación profunda y poder así descansar y recuperar las energías invertidas en sus actividades diarias. Desde luego que hay muchos factores que contribuyen a que podamos recuperar nuestra energía mientras estamos durmiendo, entre los que debemos tener en cuenta la cama y su posición dentro del cuarto, el tipo de colchones y almohadas, así como los materiales de que están hechos; la ropa de dormir y la de cama, que incluye todo lo referente a las sábanas y cobertores etc. Con respecto a esto ultimo, es extremadamente importante que prefiera las **prendas de fibras naturales**, descartando obviamente todo lo sintético, como el poliester, poliuretano, dacrón, rayón, nylon, etc.

La ubicación de la recámara principal es muy importante, no sólo para que las personas que duermen allí puedan descansar, sino también para que tengan comando, control y autoridad. En este sentido *se recomienda que la recámara principal esté ubicada en la esquina posterior más lejana a la puerta de entrada principal.* Si usted coloca ahí las recámaras de sus hijos, lo más probable es que ellos tengan más control y comando que usted en la casa y siempre hagan de las suyas. Es muy común encontrarse con casas en las que se ubica la recámara principal lo más cerca de la entrada, con la idea de tener control y estar vigilantes y ese objetivo se logra a la perfección, pues la persona se pasa toda la noche en vigilia, convirtiéndose en el velador de su propia casa. Esta localización de la recámara principal no permite que las personas tengan un sueño tranquilo y reparador.

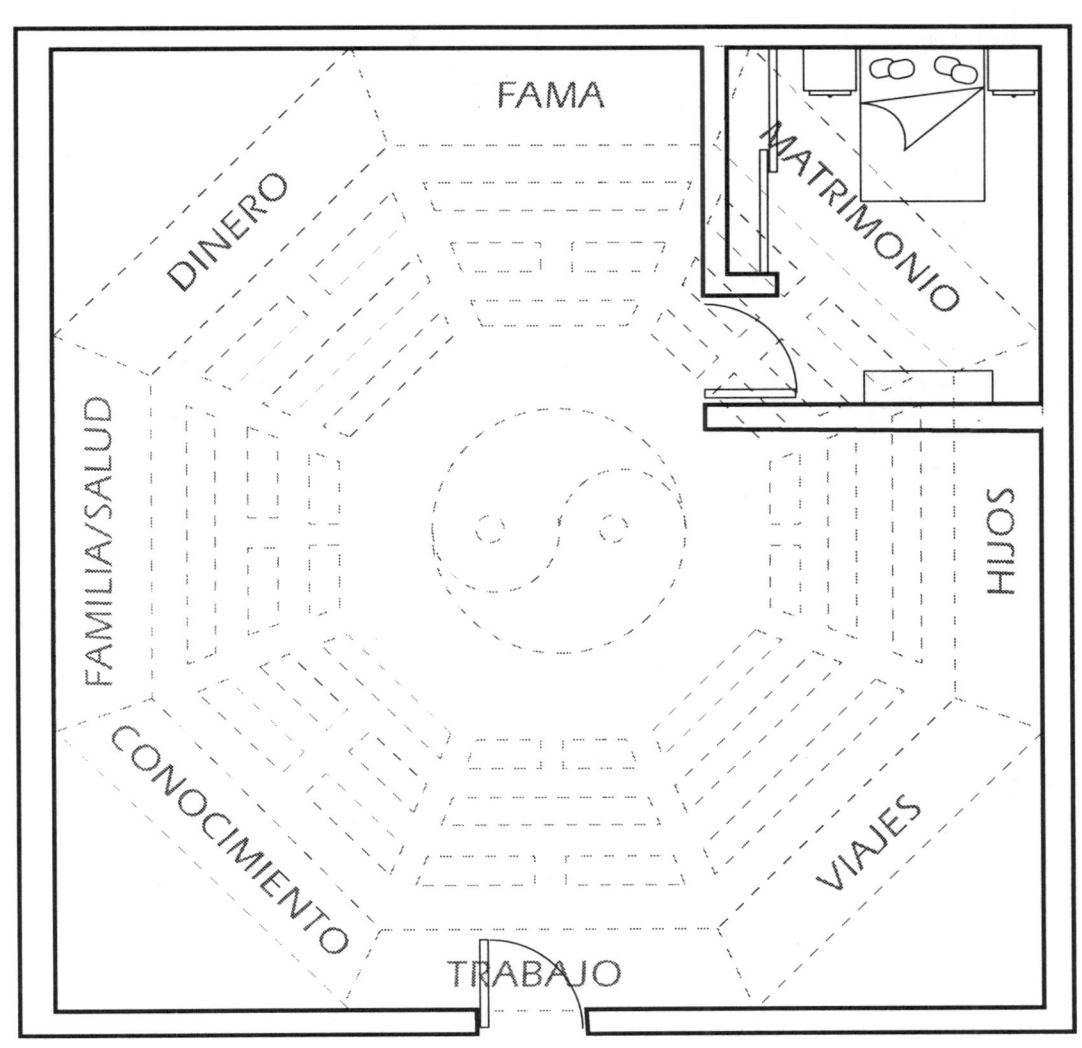

Ubicación de la recámara principal

La colocación de la cama dentro de la recámara, tiene mucho que ver con el poder, autoridad y control de la persona en su casa y en su vida en general. De acuerdo a la Ley de los Cinco Elementos: el dormitorio y la cama están relacionados con el **Elemento Madera**, influyendo al hígado y la vesícula biliar. Así como se encuentre la recámara, también así va a ser la conducta de la persona. El aseo y la higiene son determinantes para mantener un chi positivo en el cuarto. Tenga presente que la cama debe estar colocada lo más lejos posible de la puerta de entrada a la recámara. Cuando por alguna razón usted no puede colocar la cama en la posición indicada anteriormente, entonces coloque un espejo en una posición en el cuarto tal, que cuando usted se encuentre acostado, le permita tener control sobre la puerta y ver quien entra y quien sale.

Cuando la cama se coloca de manera, que al estar usted acostado, los pies se encuentren en dirección a la puerta de entrada del dormitorio, dicha posición acarrea problemas de salud a la persona que duerma allí, haciendo que todo su dinero lo utilice en médicos y medicinas. Lo que pasa es que aquí el subconsciente juega un papel determinante, relacionando la imagen muy arraigada de pensar que, cuando una persona muere y sacan su cadáver de la casa, la llevan con los pies por delante. La solución para éste caso es, cambiar la posición de la cama o bien colocar una bolita de cristal entre la puerta de ingreso al dormitorio y la cama.

Al igual que lo hicimos con el terreno y después con la finca, en cada una de las áreas de la casa (sala, cocina, comedor, recámara, etc.), debemos situar imaginariamente la figura del Ba-gua, tomando como referencia el ingreso a el cuarto en cuestión y apegándonos a la **Teoría de la Boca del chi**. Obviamente que la ubicación de cada una de las áreas del Ba-gua, estará determinada por la posición de la puerta. Al hacerlo, se dará cuenta que también puede y debe ajustar el Feng Shui de su cuarto de acuerdo a su edad, su estado civil, su salud y muchos otros aspectos. Por ejemplo en el área de la fama de su recámara podría poner un poster con la figura del Ba-gua para incrementar el chi en esa área de su vida. Si desea encontrar pareja o mejorar las relaciones matrimoniales, coloque algo rojo en el área del matrimonio, o quizás una fotografía de la pareja, etc. Utilice su creatividad y transforme su dormitorio, en un lugar con buen Feng Shui.

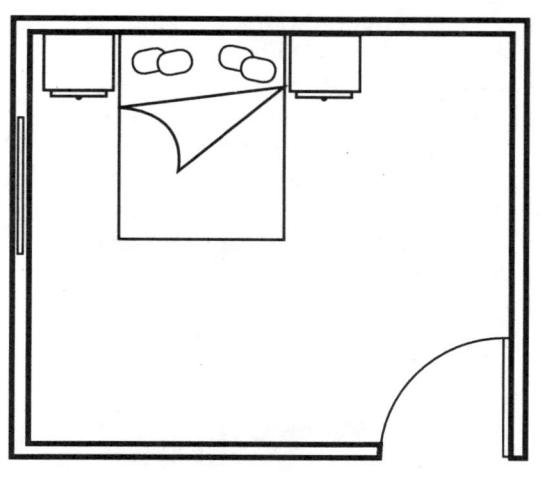

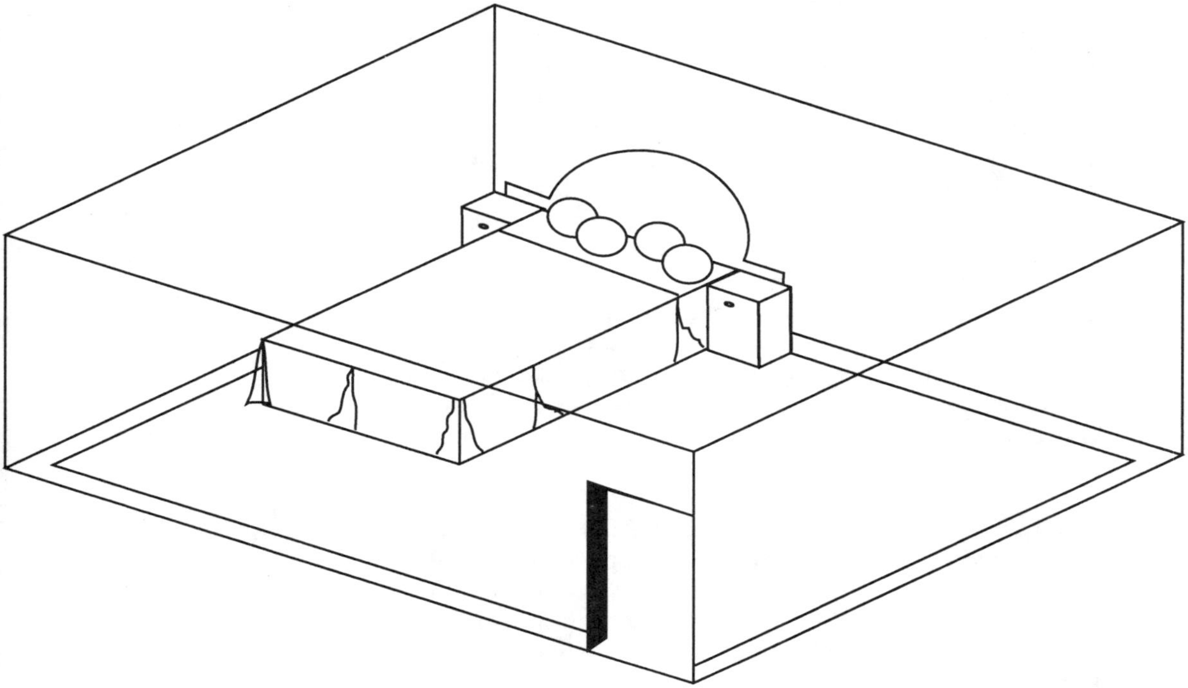

Ubicación de la cama en la recámara principal

Si en su cuarto hay mucho ruido, humo o cualquier agente contaminante que agreda su salud, lo mejor es cambiarse de lugar; aunque si de momento esto no es posible, coloque un prisma o bolita de cristal en el centro del cuarto y ponga muchas plantas para crear un chi saludable. Quizás éste mismo consejo sirva para mejorar el chi de los apartamentos de aquellas personas que viven en ciudades con demasiada contaminación como: La ciudad de México, Nueva York, Los Angeles, en donde ese constante ir y venir de automóviles, trenes, personas y polución ambiental mantiene los *"nervios de punta"* y el estrés predomina por doquier.

Volviendo al análisis de la cama, ésta debe ser cómoda para que usted pueda recuperar sus energías; sólida, firme para que su chi pueda estar tranquilo. La **cabecera** debe estar firmemente unida con el resto de la cama formando una sola unidad, así la fama, el dinero, el matrimonio y la suerte de la persona serán igualmente sólidas.En la ilustración puede observar que también en la cama se sobrepone el Bagua y cada parte de la misma está relacionada con la que le corresponde. Las camas que no tienen cabecera afectan las áreas mencionadas anteriormente. También tome en cuenta que el tamaño de la cama debe guardar una relación directa con el del cuarto. Hay personas que tienen camas tan grandes en cuartos tan pequeños, que la persona apenas si tiene libertad de acción, afectando el Ba-gua del cuarto y desde luego el chi.

Si la **base** de la cama tiene pequeñas ruedas, es recomendable que las mismas se encuentren siempre limpias, firmes y lubricadas, ya que es muy común que ahí se deposite el tamo y la basura. Por lo mismo se recomienda mantener limpio debajo de la cama. Prefiera siempre las camas cuya base tenga patas ya que el chi puede circular libremente por debajo de la misma.

Las bases de cama con cajoneras no son muy recomendables, pero si por razones de espacio usted posee una, evite guardar objetos que contengan pólvora, armas de fuego, cuchillos y herramientas para que esto no afecte su sistema nervioso parasimpático. Lo único que podemos guardar ahí son blancos (ropa de cama, pijamas, etc.)

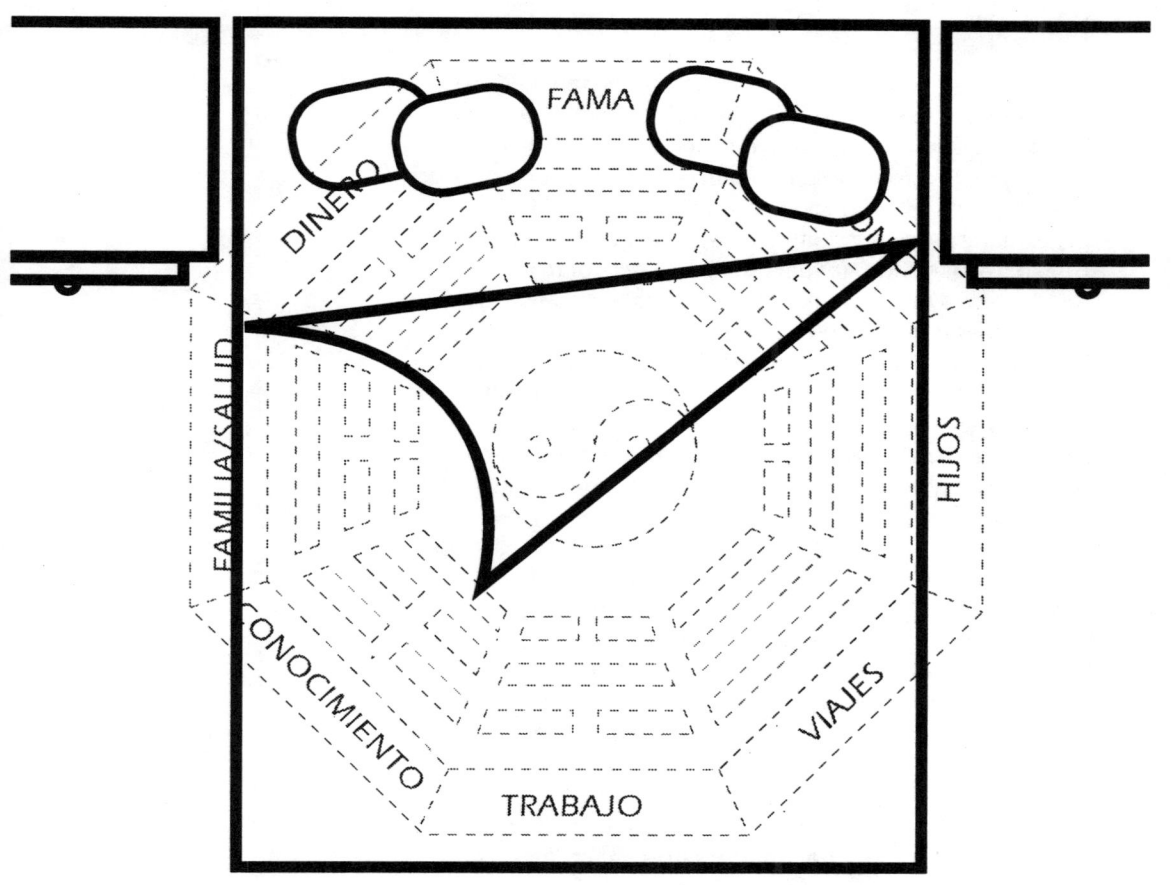

FAMA

DINERO

FAMILIA/SALUD

CONOCIMIENTO

TRABAJO

VIAJES

HIJOS

Bagua sobreimpuesto en la cama

Yo creo que para disfrutar de la cama, dormir bien, tener una buena salud y energía es conveniente tener un buen **colchón.** Si usted posee un buen colchón, tiene asegurado su descanso. Los mejores colchones son aquellos hechos con materiales naturales como algodón, plumas, lana, etc. Los peores son los colchones de agua, porque no son sanos y luego el chi de la persona que duerme ahí, nunca va a estar tranquilo por el constante movimiento.

Tanto la ropa para dormir como las sábanas, se recomienda que sean de fibras naturales y tengan colores frescos, ya que eso contribuye a una mejor circulación del chi y por ende se descansa mucho mejor. Es un poco difícil poder encontrar ropa para cama que sea cien por ciento natural, pero no imposible. Antes de comprar la ropa, revise las etiquetas para enterarse del contenido de fibras artificiales que tienen. Evite los **cobertores** de nylon o poliester y los edredones de esos materiales. Las **almohadas** también deberán ser de fibras naturales o de plumas para que se produzcan los mismos efectos positivos. Es necesario advertir que cuando se duerme con almohadas de poliester o de espuma de poliuretano, uno se mantiene con jaquecas, insomnio y provoca una rápida caída del pelo.

Por último tenemos las **literas**, que son aquellas camas que a veces por falta de espacio y otras por capricho, moda o simple gusto, se encuentran en las casas. Estas camas no son buenas porque oprimen el chi de las personas que duermen en ellas. Generalmente las camas litera se usan para niños y si usted tiene alguna de éstas en su casa, observe que la salud del niño o la persona que duerme en la cama de abajo es precaria. Se enferma fácilmente, el color de su piel no es el de una persona sana y su chi personal es muy frágil. La cura para este caso, es colocar las camas en forma normal. Si esto no es posible por razones de espacio, ponga espejos en la pared que se encuentra a los lados de la cama y algún objeto reflectivo debajo de la cama que esta arriba (un espejo de no mucho espesor o alguna placa muy delgada de aluminio), para que quién duerma allí, no se sienta oprimido.

Con esto concluimos el examen del interior de la casa y hemos aprendido que todo cuanto nos rodea, dentro de la misma es importante e igualmente decisiva la posición en la que se encuentran.

En el siguiente capítulo conoceremos los aspectos que complementan y refuerzan las soluciones que aquí hemos expuesto: iluminación, colores y formas en general.

CAPÍTULO CUARTO

OTROS FACTORES IMPORTANTES

En el presente capítulo expondremos algunos aspectos que deben tomarse en cuenta para optimizar las condiciones de la casa, oficina, o negocio en donde apliquemos los conceptos del Feng Shui. Si bien dos de estos tópicos son propios del campo de la decoración interior, en donde los expertos poseen la autoridad, amén de los gustos particulares de cada persona, los vamos a mencionar para conocer como este antiguo arte chino, se vale de ellos para armonizar y equilibrar el chi de un lugar determinado.

LA ILUMINACIÓN

Aunque sabemos que existen muchas técnicas y teorías que estudian todo lo relativo a la iluminación, es conveniente también tomar en cuenta el sentido común.

De acuerdo a mi experiencia, la mayoría de las personas gastan mucho dinero por concepto de energía eléctrica, de la cual, un considerable porcentaje se destina para iluminar interior o exteriormente la casa. Con frecuencia a ese dinero no se le puede sacar provecho. La idea acerca de la iluminación y de todos los aspectos del Feng Shui que hemos visto hasta ahora, es que cuando aplicamos dichos conceptos, buscamos mejorar nuestro hogar y atraer auspiciosidad y buena fortuna, e igualmente poder recuperar lo que hemos invertido

Si usted ha decidido colocar iluminación en el exterior de su casa, piense bien como la va a utilizar. Casi todas las personas ponen reflectores en la parte alta de la casa dirigidos hacia el piso; esto en lugar de crear un buen chi, lo que en realidad hace es empujarlo hacia abajo. Si usted desea iluminar su casa con el propósito de protegerla, también lo puede hacer para mejorar el Feng Shui de su finca. Para este fin se aconseja que la luz se coloque en el exterior, pero no en el techo, sino en el piso o en algún poste y dirigida hacia la parte superior

Iluminación exterior para seguridad y Feng Shui

de la misma, como se puede apreciar en la gráfica adjunta, lo cual hace que el chi se levante y sea beneficioso. Con respecto a la iluminación para el interior de la casa, también debe tenerse cuidado.

Es muy común que la mayoría de las personas durante las horas de la noche, sólo mantengan encendidas las luces de las áreas donde se encuentra alguien, permaneciendo en penumbra el resto de la casa. Inclusive hay quien, a medida que recorre su casa va encendiendo y apagando las luces, dejando a oscuras partes importantes de la misma. Si bien este es un buen método para ahorrar energía, debe tener en cuenta que cada punto de la casa, corresponde a una área del Ba-gua y es conveniente que todos se encuentren iluminados.

Lo que puede hacer es poner lamparas o bombillas de baja intensidad con el objeto de no gastar demasiada energía eléctrica; en la actualidad ya es posible encontrar en el mercado, sistemas de iluminación que propician el ahorro de energía. Mantenga la mayor parte de las áreas iluminadas y al llegar la hora de ir a dormir apague las luces, tanto interiores como exteriores, dejando encendidas únicamente las que, por razones de seguridad considere necesarias.

Continuando con la iluminación interior, no es conveniente usar reflectores del tipo *«spot light»* como medio de iluminación dentro de la casa, y mucho menos tenerlos en la recámara y dirigidos hacia la cama, porque eso produce dolores y molestias en el área del cuerpo a donde se dirige este tipo de luz. Tampoco es recomendable colocar reflectores, encima de la estufa, porque en Feng Shui se dice, que dificulta que le paguen el dinero que ha prestado o las deudas que han contraído con usted.

En lugares de trabajo, especialmente si se trata de fábricas o bodegas, no se recomienda poner reflectores o «spot lights», como medio de Iluminaccíon porque se afecta considerablemente el rendimiento y los trabajadores van a estar incómodos. Lo más recomendable es usar iluminación que sea lo más parecida a la luz del día, dentro de este rubro, podemos incluir las lámparas fluorescentes; conocidas comúnmente como lamparas *«slimline»* o de *«luz fría»*.

Los reflectores se pueden usar, pero únicamente con el

Iluminación recomendable

objeto de iluminar cuadros, árboles u objetos que usted quiera destacar o realzar.

Cuando nos referíamos a las ventanas, recomendábamos que durante la noche cuando se encienden las luces interiores, es conveniente cerrarlas y colocar cortinas o persianas para que la gente que se encuentra en el exterior no observe todos sus movimientos y de esta manera su chi no se sienta amenazado.

LOS COLORES EN EL FENG SHUI

Respecto a los colores podemos decir muchas cosas ya que en la actualidad no sólo se utilizan para pintar las casas o en el diseño de la ropa, sino que se han empezado a aplicar con fines terapéuticos, sobre todo en el área de la psicología y la medicina alternativa; es lo que se conoce como Cromoterapia. Precisamente en psicología mediante los colores se puede llegar a determinar las características generales de una persona. Esto lo explica claramente el médico alemán Max Luscher en su libro *"El Test de Colores de Luscher"*, donde describe con gran claridad las cualidades de los ocho colores que él usa para estudiar y revelar la personalidad del individuo. Los colores que el Dr. Luscher usa son los siguientes: gris, azul, verde, rojo, amarillo, violeta, café y negro

Desde el punto de vista de la ley de los cinco elementos que mencionáramos en uno de los capítulos iniciales de este libro, le explicaba que hay dos ciclos que afectan a los elementos: uno es el ciclo creativo llamado **Sheng**, en el que como su nombre lo dice, permite la evolución. Si usted recuerda, le decíamos que la madera alimenta al fuego y que el fuego se transforma en tierra, etc. Lo que pasa es que cuando a la madera se le pone fuego, esta se quema y entonces se produce la tierra. Pues en ese mismo orden funcionan los colores.

La madera es verde, el fuego es rojo, la tierra es amarilla, el metal es blanco y el agua es azul, aunque en las profundidades es de color negro; de manera que si se utilizan los colores conforme al ciclo creativo, estos van a ser benéficos para usted.

En cuanto al destructivo, se le llama ciclo **Ko** y controla el funcionamiento de los elementos, restringiendo o disminuyendo su acción. Por ejemplo: La madera (verde) reprime a la tierra (amarillo) porque si usted tiene un terreno y no lo limpia, pronto ya no va a poder caminar por allí, pues las plantas lo han invadido. La tierra somete a el agua (azul o negro), mientras que el agua apaga al fuego (rojo), el fuego funde al metal, (blanco) y el metal destruye a la madera. Por lo tanto para obtener un mejor resultado en la combinación de los colores, la aplicación del ciclo **Sheng** es lo más apropiado, aunque también el ciclo **Ko** es importante cuando de neutralizar o equilibrar se trata. La única recomendación es, que sea muy cauto, ya que si no se sabe aplicar correctamente puede obtenerse un resultado inverso al que se persigue.

En la teoría y la práctica del Feng Shui, se estima que los colores más auspiciosos y que atraen respeto y buena fortuna son: el *rojo*, el *verde* y el *negro*.

Según tengo entendido, existen más de cien combinaciones y variantes del color verde, el cual se considera muy beneficioso. El **verde** es el color de la salud, del crecimiento y la tranquilidad. Imagine por un instante un lugar donde cae nieve durante el invierno, allí todo es desolado; Los árboles semejan esqueletos y todo en derredor es monótono y silencioso. Pero tan pronto la temperatura sube un poco, las plantas comienzan a reverdecer y todo empieza a llenarse de vida y color, es entonces cuando entendemos la cualidad de que el verde también significa *"resurgimiento"*.

El color **negro** es el más puro de todos, pues sus moléculas no cambian ni se alteran y al contrario de lo que se piensa en occidente acerca de éste color; en China, el color negro es muy positivo y atrae cosas buenas. Es un color de buena suerte.

En cuanto al **rojo**, este es el color que según los chinos rechaza las malas energías, los malos espíritus y se usa como protección; es también el color de la alegría y se usa siempre para eventos importantes. Por ejemplo, cuando una mujer china se casa, el color de su vestido de novia es rojo. Cuando se festeja la llegada del año nuevo, la gente acostumbra vestirse de rojo y se queman petardos y fuegos pirotécnicos, la mayoría de luces son rojas, con lo cual se manifiesta la alegría y se persigue ahuyentar a los malos espíritus. Al respecto, el doctor Luscher dice:

"El color rojo tiene decididamente un efecto estimulante en el sistema nervioso, especialmente en el sistema simpático. El color rojo aumenta la presión arterial, hace que la respiración y el ritmo cardiaco se aceleren El color blanco se considera como un color neutral y que por tanto no produce ningún estimulo".

En China el **blanco** se usa como manifestación de duelo, las personas se ponen vestidos blancos cuando alguien muere. El color blanco atrae muerte, luto y sufrimiento.

Otro color que debe evitarse es el **rosa**, al igual que todos sus derivados y variantes, ya que se trata de un color que destruye la energía. Si usted medita un poco sobre esto, se percatará que en realidad el color rosa es una degeneración del color rojo, causada por la mezcla con el blanco. Hay estudios que demuestran científicamente que este color es sedante y deprimente. De acuerdo a mi experiencia produce enfermedades, pobreza, accidentes y depresión.

En las innumerables visitas a las casas de familias que nos han pedido asesoría, así como los testimonios que hemos obtenido de las personas que asisten a los seminarios que imparto, es que recomiendo que se evite este color, ya que lo considero muy nocivo. En muchos casos este color ha propiciado divorcios, bancarrota, accidentes y muchas cosas desagradables.

Una artista muy famosa que vive en los Estados Unidos, tiene su casa pintada y decorada de color rosa y con sorpresa, tristeza y compasión, leí un artículo en la revista ***People*** de Diciembre 94 y otro artículo aparecido en ***Redbook*** de Mayo 95, donde se cuentan todos los problemas de salud - especialmente relacionados con su voz -, y de otro tipo, que ella padeció en 1994. Desde luego que las razones de esos problemas son atribuidos a otras causas, pero desde el punto de vista del Feng Shui; su casa y los colores que tenía, influyeron de manera muy especial. *Es oportuno y necesario aclarar que lo que digo acerca del color rosa, es a consecuencia de las experiencias personales que he tenido.* Varios de mis estudiantes y amigos, me comentan que han investigado en otros textos de Feng Shui y nada se comenta acerca de la negatividad de este color, incluso algunos lo recomiendan (entre ellos la misma Sarah Rossbach, que es alumna de mi Maestro Lin Yun) para auspiciar situaciones de tipo sentimental. Eso no lo discuto, pero créame querido lector: «que a las pruebas me remito».

El color **café** es un color que significa decadencia y debería evitarse. ¿Por qué decimos esto?, hagamos una comparación con la naturaleza: en primavera cuando finaliza el frío y el clima se vuelve más benigno, los árboles comienzan a retoñar y todo comienza a llenarse de vida, es de color verde. Pero después del verano cuando llega el otoño, inicia la época en que las hojas han completado su ciclo y comienzan a caer al suelo y el viento o usted las barre. ¿De que color son esas hojas muertas?, color café.

En relación a la nutrición, los colores también ejercen una influencia muy importante, y con estos se pueden beneficiar o afectar los órganos internos, ya que están íntimamente relacionados con la ley de los cinco elementos. Por ejemplo, los alimentos de color verde, son buenos para el hígado y la vesícula biliar. Si usted come suficientes ensaladas de hojas verdes, eso le ayuda a desintoxicar estos órganos y consecuentemente el chi fluye mejor.

Para los órganos del elemento fuego, como son el corazón, intestino delgado, pericardio y el triple calentador, los alimentos de color rojo son buenos; entre los que tenemos pimientos, granadas, fresas, col roja, betabel, etc.

Respecto al elemento tierra, el color que le favorece es el amarillo, los vegetales o frutas favorables son: las calabazas, ciruelas amarillas, bananas, mangos, papaya, piña, etc.

Para el elemento metal, que tiene influencia sobre los pulmones y el intestino grueso, los alimentos que le benefician son los de color blanco, el ajo, la cebolla, el nabo, la jícama, y las papas .

El pan es bueno si es de harina integral y en cantidades limitadas ya que si hay exceso, se afecta el intestino grueso y luego viene el sobre peso, la celulitis y todas las enfermedades de la piel. Por último el riñón y la vejiga pertenecen al elemento agua, cuyo color es el negro o el azul. Estos órganos se favorecen con los alimentos líquidos o jugosos, y se afectan con las comidas a base de especias, colorantes y aditivos que toman un color oscuro.

De manera que los colores afectan el chi de las personas tanto en el aspecto físico, mental, emocional, psíquico y espiritual. Por tal motivo y sustentados en lo que anteriormente hemos expuesto, antes de pintar su casa, oficina o negocio y elegir alfombras, muebles, ropa y otros objetos, será muy conveniente que tome en cuenta este concepto.

LAS ESQUINAS

Este es otro aspecto que afecta a las personas que habitan una casa, ya sea que las esquinas se encuentren en el interior o exterior de la finca. Las esquinas se forman cuando dos paredes se juntan y forman un ángulo de noventa grados. Ese ángulo es lo que produce el problema, porque se convierte en algo agresivo para el chi de los residentes. Cuando hay muchas esquinas dentro de la casa las personas tienden a discutir y pelear constantemente entre si, lo que hace sus vidas muy difíciles. Si las esquinas se encuentran en el exterior y se hallan dirigidas hacia su finca, eso atrae problemas a los residentes porque provoca que los vecinos o cualquier otra persona hable mal de ellos y se produzcan chismes, críticas severas, comentarios desagradables e inmerecidos.

Personalmente, conozco una casa en la ciudad de Guadalajara, Jalisco, ubicada en un fraccionamiento aledaño al bosque de los colomos, la cual se encuentra agredida por una de las esquinas de un gran edificio. Dicha esquina se proyecta directamente hacia la puerta principal de la casa en cuestión y fue escenario de un sangriento crimen, cuando intentaban plagiar al dueño de la finca. Mediando únicamente la calle, se encuentra otra finca, que también es agredida por la misma esquina; en dicha finca no permanecen más de dos meses las personas que la toman en alquiler y cuando se instaló una oficina bancaria, ésta no permaneció ni seis meses a causa de problemas internos. En Feng Shui se dice que las esquinas son como cuchillos puntiagudos y afilados, apuntando hacia el chi de los residentes haciéndolos vulnerables.

Esquina con planta

Para curar este problema se pueden hacer las siguientes cosas:

• Redondear la esquina de manera que desaparezcan los filos y el ángulo de noventa grados.

• Se pueden colocar molduras de madera o de plástico para cubrir las esquinas

• Cuando se encuentran dentro de la casa, se puede poner una bolita de cristal, una planta, enredaderas o adornos que sean capaces de cubrir el ángulo.

• Si la esquina se encuentra en el exterior de la casa, se puede plantar un árbol en línea con la trayectoria imaginaria de dicho ángulo.

• Se pueden poner enredaderas naturales o plásticas cubriendo la esquina.

• Se podría redondear la pared hasta que quede sin ángulo, o bien cortar a la mitad un tubo pvc de tres cuartos de pulgada y de la altura de la pared, colocándolo de manera que cubra la esquina.

LAS COLUMNAS

En cuanto a las columnas, es mejor que sean redondas porque de lo contrario las esquinas o ángulos que tienen, producen los efectos ya conocidos a que nos referíamos en el párrafo anterior. Lo más recomendable es que las columnas se construyan redondas u octagonales, permitiendo que el chi fluya mejor y desde luego más armoniosamente; además su chi personal se va a favorecer.

CAPÍTULO QUINTO

EL FENG SHUI EN LOS NEGOCIOS

Si aplicar Feng Shui en la casa es importante, también lo es en los negocios, la oficina o lugar de trabajo, porque debemos armonizar todo lo que nos rodea para poder tener éxito.

Ya decíamos al principio cuando expusimos el concepto del Feng Shui que este tiene como objetivo que las personas vivan y trabajen en un lugar armonioso, auspicioso, seguro y cómodo.

Al abrir un negocio deben tomarse en cuenta todas las alternativas disponibles, así como la gran cantidad de aspectos que esto implica en lo personal, emocional, familiar y desde luego económico. Individualmente afecta, porque siempre se quiere salir airoso y triunfante de todo lo que se emprende, ya que si a usted le va mal, los problemas emocionales y frustraciones afectaran seriamente su vida y la de los que le rodean. Desde el punto de vista familiar porque si el dinero que usted tiene ahorrado y que constituye el patrimonio de la familia se llega a invertir en un negocio que al poco tiempo se venga abajo, no solo va a perder sus ahorros y tiempo, sino también podría perder a su familia, ya que en caso de apuros económicos a causa de malos negocios, lo primero que se ve afectada es la relación matrimonial y familiar.

En los Estados Unidos de Norteamérica, según el Departamento de Comercio, el noventa y cinco por ciento de los negocios que se abren en el curso de un año, cierran sus puertas en los siguientes cinco, en donde se pierden esperanzas, ilusiones, grandes cantidades de dinero y muchas vidas. Por cierto que este es un aspecto que analizamos ampliamente en el curso de Feng Shui y los negocios, en donde se estudian las características y condiciones para el éxito o fracaso de los mismos.

Seleccione bien el lugar para instalar su negocio; analice la ubicación, vaya a verlo de día y también vea cual es el aspecto durante la noche, pues hay lugares a donde la gente acude de día, pero por la noche no se ve ni un alma. Si acaso su negocio va a funcionar en horario mixto, usted debe tenerlo previsto. Una vez que haya localizado un lugar, no se deje llevar por las apariencias externas, ni por sus emociones. Examine detenidamente en que lado de la calle está situado, pues en Feng Shui, se dice que las calles y avenidas poseen dos lados, conocidos como: «lado madre» y «lado hijo».

El **"lado madre"** es aquel por donde circula y transita toda la gente. Un negocio que se instala en ese lado, siempre tendrá clientes y sus ventas serán buenas.

El **"lado hijo"** es la otra parte de la calle por donde apenas pasa la gente; se trata del lado menos frecuentado de la calle en donde no hay mucho chi para atraer clientes. Así que si usted va a poner un negocio, analice cuál es el lado que más le conviene.

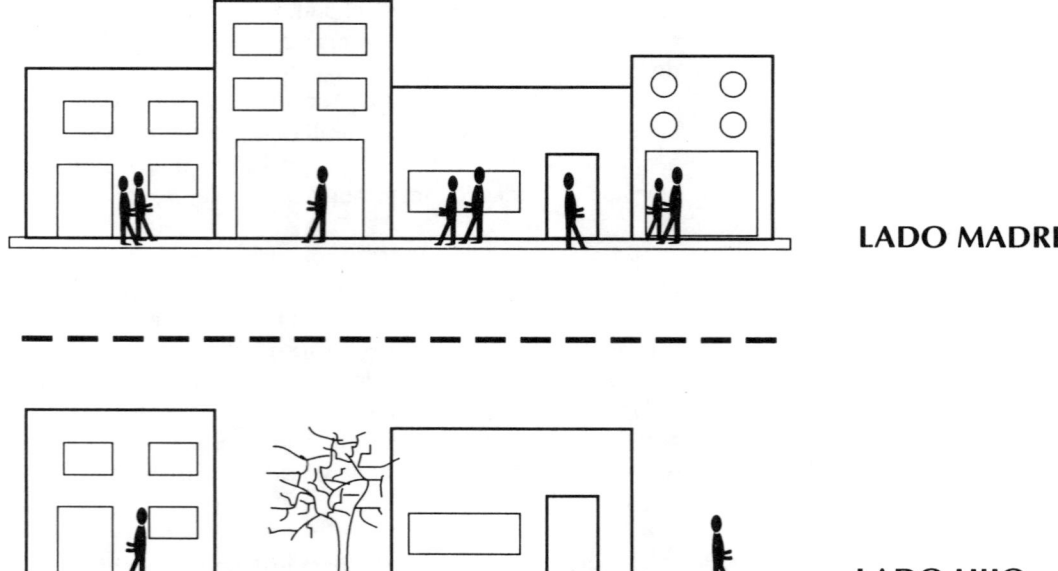

LADO MADRE

LADO HIJO

Tipos de lados de calle

Evite poner su negocio en un lugar donde una calle termina y se forma una **T** porque ese edificio se va a ver afectado por el chi que fluye de forma violenta y que va a estrellarse justo en la puerta de su finca. A esta posición se le conoce en Feng Shui como: Posición *"Ojo de Tigre"*, porque durante la noche, los automóviles al acercarse, proyectan sobre el frente de la finca la luz de sus faros y semejan los ojos de un tigre en la oscuridad.

Esta ubicación es también aplicable a las casas y atrae todo tipo de problemas y enfermedades del tipo Yang tales como: discusiones violentas, accidentes, problemas cardiovasculares, etc. La solución para esta ubicación es colocar frente a su puerta o en el área donde desemboca la calle, una fuente rodeada de plantas y un windchime en la puerta de ingreso principal o espejos convexos.

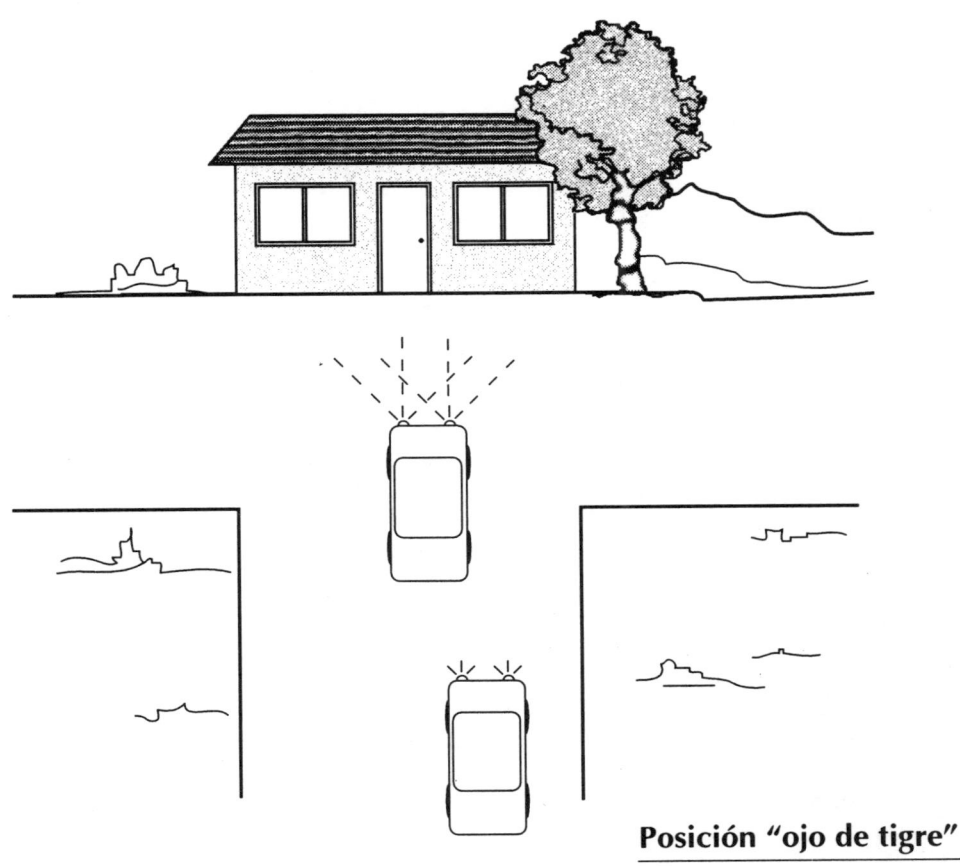

Posición "ojo de tigre"

Si el local que usted ha elegido no es nuevo, infórmese que tipo de negociación había antes. Pregunte cuáles fueron las razones por las que ese negocio dejó de funcionar y cerró sus puertas; si porque los dueños murieron a consecuencia de problemas económicos, averigüe si no eran objeto de constantes asaltos, etc. También un negocio puede cerrar porque creció tanto que el local llegó a ser insuficiente, que se hizo necesario buscar un lugar más amplio.

Para el primer caso, o sea, el del negocio que cierra por problemas, lo mejor es buscar otro lugar más apropiado ya que si usted se mete a un local donde al dueño anterior le ha ido mal, es muy probable que usted también se vea en idénticas condiciones que los dueños anteriores en muy poco tiempo. Para el segundo ejemplo, piénselo bien y medite si es conveniente para su tipo de negociación. Si lo es no vacile y abra allí su negocio, que el chi que hay es un chi de prosperidad y éxito.

Se dice que hay lugares que tienen un chi muy positivo en donde a negocios o empresas les ha ido muy bien, pero según los maestros de Feng Shui, a los lugares también se les agota la energía. Tal vez usted posee un negocio en donde le iba muy bien, pero de un tiempo a la fecha las cosas han cambiado y ahora ya no es igual.

Es posible que el chi hubiese cambiado o recientemente se halla construido algún edificio más alto junto al suyo, o cambió el color de su negocio, etc.

Las causas que le pueden afectar son variadas por lo que es muy importante discernir todos estos aspectos para estar seguro de qué es lo que sucede. Existen casos en los que la negociación está tan mal, que el mejor negocio que se puede hacer es cerrar. Al dejar de pagar salarios, rentas e impuestos comienza realmente la ganancia de un negocio que no tiene futuro.

Una vez que usted eligió el local y que reúne las condiciones ideales, planee como va a distribuir las áreas de atención al público, el mobiliario, la ubicación del escritorio para el gerente, administrador o jefe del negocio. Piense cuidadosamente en que área del Ba-gua está la entrada y examine detenidamente en donde va a colocar el baño. Cuando se va a diseñar un negocio deben cuidarse ciertas áreas del

Ba-gua que están directamente relacionadas con la actividad comercial o de servicios.

Me permito hacerle la siguiente pregunta: ¿Quiénes son las personas más importantes para su negocio.? La respuesta es obvia: los clientes, y en Feng Shui los clientes son los benefactores, así que es un punto al que se le debe poner mucha atención.¿Que otra área es importante? indudablemente que el punto del dinero, porque es lo que debe circular. Por tanto esa parte del local debe estar bien armonizada, aseada, libre de estorbos, con luz, y adornada. Debe ser agradable en la medida que el tipo de negocio se lo permita. También es muy importante el punto relacionado con la fama, porque puede ser que usted posea un buen local, benefactores y buenos ingresos, pero el negocio no tenga fama o la que tiene es mala.

Si usted toma en cuenta estos consejos, tarde o temprano va a notar la diferencia; porque recuerde lo que decíamos al principio, se necesita balance y armonía en todos los puntos del Ba-gua, que el Yin y el Yang estén balanceados y que el flujo del chi sea armonioso.

La parte central del local o edificio donde está el negocio corresponde al Tao; procure también estimular esta posición. Si su negocio presta servicios y estos son de asesoría o de capacitación, debe estimular el punto del conocimiento para que el personal esté siempre al tanto de los adelantos de la tecnología del ramo en que se desenvuelve.

Es muy importante que *la caja* donde se recibe el dinero quede ubicada en un lugar que sea seguro, pero cerca de la puerta de entrada de manera que facilite el flujo del chi del dinero. Desde luego que hay que proteger la caja aplicando Feng Shui.

La *oficina del administrador* tiene que quedar en la esquina opuesta a donde está la puerta de entrada principal, procurando que esté seguro, pero que al mismo tiempo pueda controlar todo lo que sucede en el lugar.

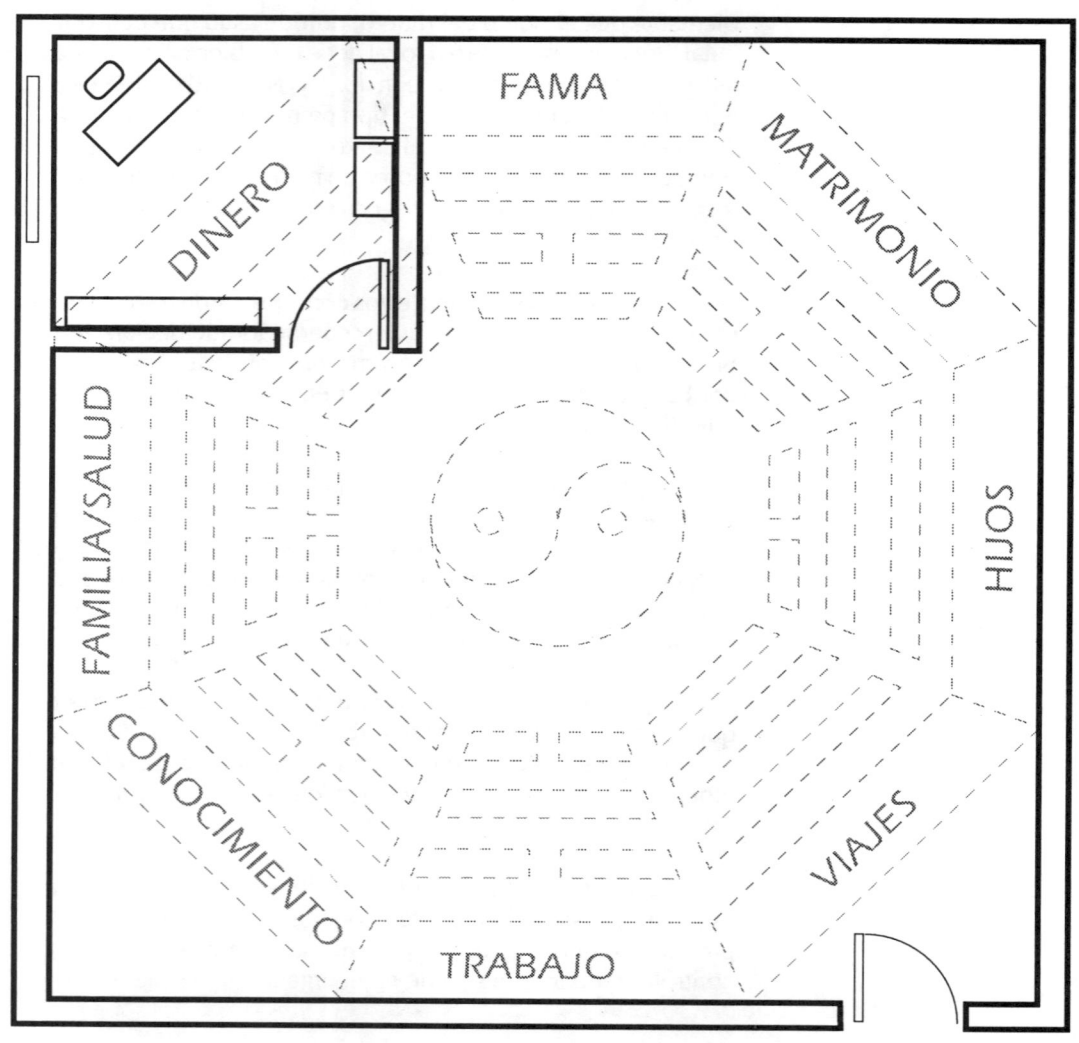

FAMA

MATRIMONIO

DINERO

FAMILIA/SALUD

HIJOS

CONOCIMIENTO

VIAJES

TRABAJO

Posición correcta de la oficina del administrador

Evite que la secretaria o cualquier otro empleado subalterno se instale en esa posición, porque esa persona va a tener más autoridad que usted.

Respecto de los colores de las **paredes** y el **mobiliario**, ponga mucha atención. Lo primero que debe hacer es descartar el color rosa; evite también el color blanco. Las columnas cuadradas que sostienen el edificio o el techo en cualquier parte del espacio del local, cúbralas con espejos para mejorar la circulación del chi. En un interesante artículo publicado en la Sección *"Real Estate"* del diario *«Los Angeles Times»*, el 18 de Julio de 1993, el autor del mismo se refiere a los colores de la manera siguiente:

> *"En el antiguo y misterioso arte chino del Feng Shui, los colores son muy importantes. Si usted quiere poder, elija rojo profundo, púrpura o ciruela, porque son colores que inspiran respeto. Aléjese del blanco el cual simboliza duelo y muerte. El negro es considerado un color de buena suerte y va a atraer prosperidad especialmente si se pinta en el lado norte del cuarto".*

Nota: Si desea profundizar más acerca de la teoría del color en el Feng Shui, le sugiero leer el libro *«Living Color»* de mi Maestro Lin Yun y Sarah Rossbach publicado por editorial Kodansha Internacional 1994; este libro sólo se encuentra en Inglés.

UBICACIÓN DEL MOBILIARIO EN LA OFICINA

El *escritorio* del jefe, administrador o gerente de un negocio u oficina, debe estar ubicado en el lugar que esté en la esquina opuesta a la puerta de entrada y lo más alejado posible de ésta.

El Jefe nunca debe sentarse de espaldas a la puerta de entrada del cuarto respectivo pues de lo contrario el negocio puede ir gradualmente teniendo pérdidas hasta llegar a la bancarrota. Igualmente no se recomienda que tenga una pared de vidrio a sus espaldas. Por cierto que esto, es muy frecuente en oficinas ubicadas en edificios de muchos pisos, donde se coloca el escritorio del jefe o de los empleados, dando la espalda a grandes ventanales en cuyo exterior está el vacío. Las personas que trabajan en esas condiciones, no pueden tener nunca su chi estable y se mantienen intranquilas, su estancia en el trabajo no es permanente o continuamente están indispuestas para presentarse a trabajar. Para curar este problema, lo que se recomienda es, colocar un windchime de escritorio y algún mueble con plantas entre el ventanal y el escritorio, para que se pueda filtrar lo negativo de ese chi.

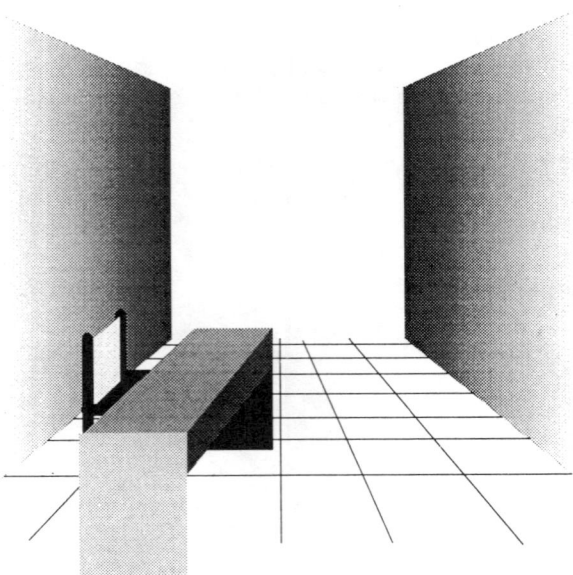

Posición correcta del escritorio cuando hay un ventanal

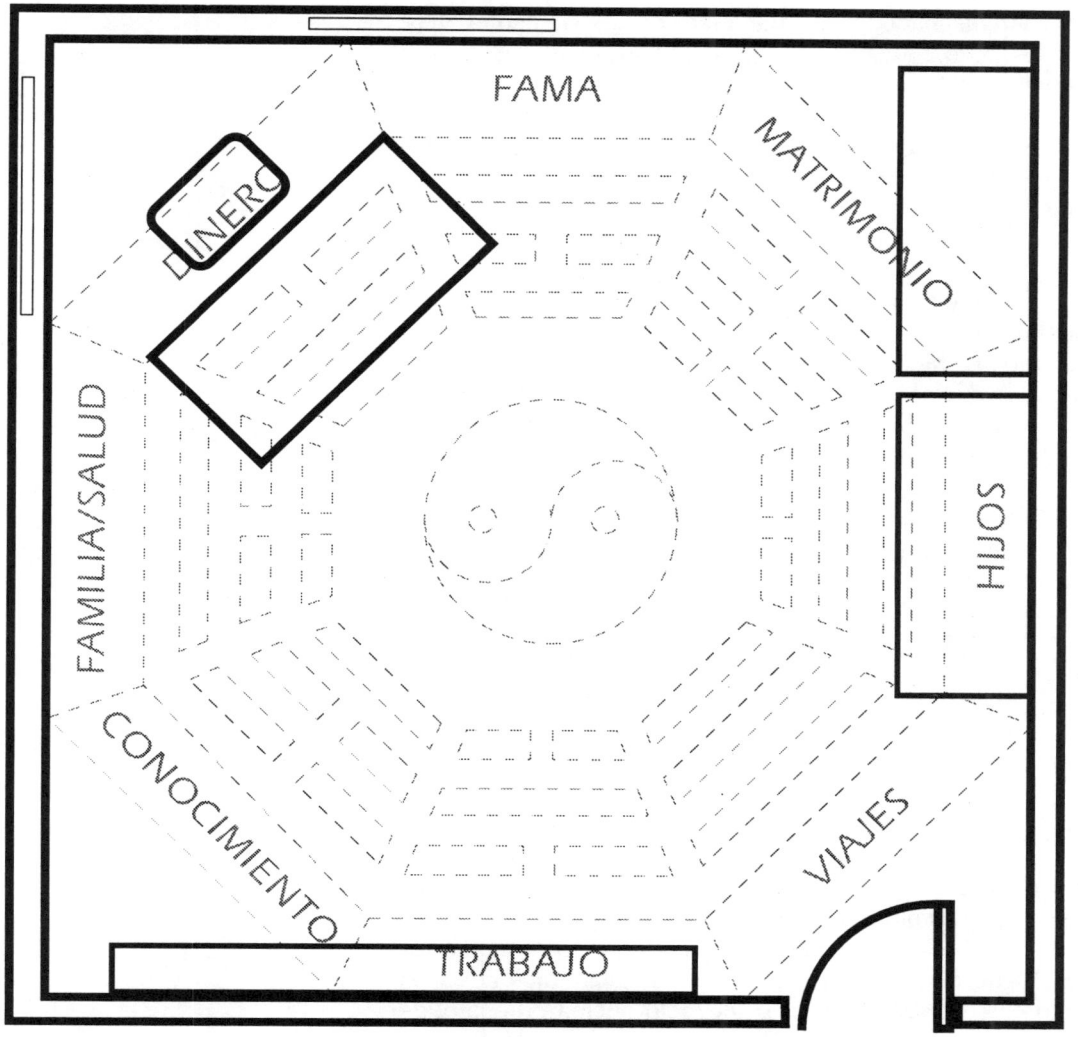

Posición correcta del escritorio del jefe

EL FENG SHUI,
LA NUMEROLOGÍA Y LOS NEGOCIOS

En otro orden de cosas, en el Feng Shui los números también tienen mucho que ver en relación con uno mismo y su negocio. Para inaugurar el negocio o registrar los documentos en la oficina respectiva del gobierno, es conveniente hacerlo en cualquiera de los siguientes días: 1,8,15,17,19,21,23,24 y 27. Todos los demás días no son favorables.

Se estima que el *nueve* es un numero cabalístico que tiene un poder especial y si uno logra hacerse de un local que tenga ese número, o bien que la suma de todos los dígitos al reducirlos formen un nueve, es también muy bueno.

En cuanto al nombre que le va a poner a su negocio también es conveniente discernir adecuadamente al respecto. Cuando los chinos le ponen el nombre a un negocio, siempre toman en cuenta las vibraciones que ese nombre emite; buscan nombres que sean indicadores de crecimiento o de buena suerte.

También se puede buscar el nombre de un negocio usando la numerología. Se procede sumando el valor numérico de cada letra que forma el nombre, y si esa suma arroja los números: 17, 19, 21, 23, 24, 27, 33 y 51 es muy bueno. No se recomiendan el 4, 22, 28, 29, 43 y 44.

Igualmente debe pensarse bien cuando va a poner un rótulo exterior. Se recomienda la combinación de tres colores (tenga presente la Ley de los cinco elementos) para hacerlo auspicioso, junto con un nombre que promueva el crecimiento y la buena fortuna.

En cuanto a la decoración interior es muy conveniente poner muchas plantas y si es posible, coloque una pecera a la entrada del local, para que los peces promuevan un buen chi. Vigile cuidadosamente los baños y los grifos del agua tanto en su casa, como en su negocio oficina o trabajo, de manera de no permita por ninguna razón el escape de agua. Recuerde que el agua está muy relacionada con el dinero.

Creo que es muy importante hacer hincapié en que no debe colocar el baño, particularmente el inodoro en el área de la fama, el dinero, los benefactores o el Tao, ya que el negocio se puede ver afectado.

Trate de disimular lo más posible los rótulos que indiquen que se trata de un baño; coloque espejos en las puertas y adorne con plantas la entrada a esas áreas. No se preocupe por sus clientes, cuando ellos tengan necesidad de ir a ese lugar le aseguro que lo encontraran por más escondido que se encuentre.

TERCERA PARTE

EL FENG SHUI INTERIOR

CAPÍTULO PRIMERO

EL FENG SHUI INTERIOR

Podría ser que una persona hubiese realizado todos los cambios necesarios para corregir los desajustes del Yin/Yang en la casa y también haya logrado que el chi fluya armonizado, aplicando todo lo que hemos expuesto a lo largo de este libro, pero no logra ver las mejorías que experimentan otras que en una situación familiar, económica o de trabajo similar. Esto puede obedecer a factores karmáticos, emocionales o ambos, en cuyo caso entramos en el campo de lo que yo llamo el Feng Shui interior de cada persona.

En el libro **«BALANCEANDO EL YIN/YANG DEL CEREBRO CON PSICOACUPUNTURA»** que escribí hace algún tiempo y el cual puede adquirir en el mismo lugar donde usted obtuvo éste, se explica en detalle la forma de cómo una persona puede borrar experiencias negativas que se encuentran grabadas en la mente subconsciente y que la inducen a actuar en determinada forma. De acuerdo con mis estudios y experiencia personal, cada uno de nosotros posee un Ba-gua en su subconsciente y este puede encontrarse afectado por información negativa.

Precisamente con la idea de corregir la informacion incorrecta grabada en el subconsciente es que en un seminario que imparto que se llama *TRANSFORMACION PERSONAL*, enseñamos de manera práctica como corregir la informacion negativa que afecta nuestro Bagua interior.

Pero sigamos adelante y veamos como funciona: en el capítulo cuarto de la primera parte de éste libro, hablábamos sobre el Ba-gua y dijimos que se trata de una figura octagonal en la que cada uno de sus lados corresponde a uno de los diferentes aspectos que una persona confronta en el curso de su vida como son: dinero, fama, matrimonio, hijos, benefactores, trabajo, conocimiento y familia.

¿Cómo se puede afectar el área del dinero en el cerebro?
Si una persona crece en un ambiente donde abunda el dinero, y sus padres le brindan una sólida base moral y humanista,

este individuo aprende a usarlo, a ganarlo y a atraerlo. Su actitud hacia el dinero es positiva y no hay vibraciones de rechazo en su subconsciente y actúa de manera natural. Si por el contrario aquella persona crece en un ambiente en donde hay mucha pobreza, una actitud de conformismo y además se le enseña a que piense que el dinero es sucio y que es uno de los elementos más propicios para que exista corrupción, a la vez que es un vehículo para transmitir enfermedades porque pasa de mano en mano; la mente subconsciente va creando un sistema de defensa que le impide que le llegue dinero y así no pueda "corromperse" ni tampoco "infectarse". Por consiguiente esa persona va a seguir siendo pobre y el dinero no le va a llegar.

Cuando una persona que tiene dinero no lo deja fluir como consecuencia de la desconfianza y la avaricia, se bloquea su mente y tampoco logra disfrutar plenamente del dinero. Podríamos dar un ejemplo para hacer más gráfica la idea. Supongamos que usted va a un lugar en donde hay abundante agua y almacena una buena cantidad en un recipiente grande y luego la lleva a un determinado lugar y la guarda allí por un año. Al poco tiempo, mucha gente sedienta llega y pide le regale un poco de su agua, pero usted no les da. Al cabo de una temporada usted regresa y se va a encontrar con que el agua está ahí, pero ya no se puede usar, porque se ha podrido. Para quitar ésta idea es necesario cambiar las premisas mentales y que no hayan reacciones negativas hacia el dinero.

Respecto al trabajo, los benefactores, hijos, matrimonio, fama, salud y familia, sucede exactamente lo mismo. Recuerde que si existe desarmonía y falta de balance dentro de uno mismo, las fuerzas del Yin/Yang no funcionan favorablemente.

En muchas ocasiones, cuanto más deseamos algo y ese deseo se vuelve obsesivo, más se aleja lo que buscamos y nunca llegamos a alcanzarlo. Cuando usted desee conseguir algo, manténgase relajado y piense que si lo merece le llegará, porque todo lo que le rodea, lo han puesto para que usted lo disfrute. No se obsesione, no envidie a los demás, cuando realice un trabajo, no piense cuanto le van a pagar, sino a cuantos, su trabajo va a beneficiar. Lo que es para usted, será.

En el libro "Balanceando el Yin\Yang del Cerebro" al que ya nos referimos anteriormente, en las páginas 77, 78,

79, 80 y 81 en forma clara se explica como usted puede entrar a su cerebro derecho para buscar, encontrar y sacar la información que le afecta y cambiarla por información positiva, lo que al final de cuentas le va a permitir balancear su Ba-gua interior y estar en armonía con su ser y con todos los arreglos de Feng Shui que ha hecho.

Esto es maravilloso y vale la pena intentarlo pues le ayudará en todos los aspectos de la vida. Sin embargo lo invitamos a que participe en uno de los seminarios que impartimos en el que en forma práctica usted aprende a cambiar las premisas negativas tanto de su cerebro racional o izquierdo, como del reactivo ,emocional o derecho.

CAPÍTULO SEGUNDO

APLICANDO LA PARTE YIN DEL FENG SHUI

En el capítulo primero de la segunda parte de éste libro, le expusimos que el Feng Shui tiene dos componentes; uno que es Yang y otro que es Yin. En las páginas que precedieron a dicho capítulo, hablamos del componente Yang, que es el que tiene que ver con el Feng Shui físico, es decir, con todo lo que se puede mover, alterar, cambiar, etc., etc. Ahora analizaremos la parte Yin, que es la parte espiritual y que a propósito la hemos dejado al final, no porque sea menos importante, sino por característica sagrada es que merece atención aparte.

Cuando aplicamos la parte Yin, estamos sencillamente haciendo uso de los recursos que como seres espirituales tenemos. A esos recursos o facultades se les podría llamar: *fuerza espiritual, fuerza de voluntad, poderes trascendentales,* etc., pero la realidad es que todo forma una unidad.

En ocasiones somos capaces de realizar cosas increíbles y las hacemos porque se pone en juego el *«deseo»*; el *«poder»* de hacer las cosas y cuando lo ejercitamos no hay imposibles. Todo lo conseguimos cuando le ponemos todas las ganas, toda nuestra fuerza, toda la voluntad, todo el poder de crear y así mismo es como podemos lograr que funcione la otra parte del Feng Shui: *La parte trascendental.*

Para estar en condiciones propicias y aplicar ésta parte, lo primero que se tiene que hacer es poner en práctica lo que explicamos en el capítulo anterior: hay que sacar todo lo negativo de nosotros, lo cual va a dar paso a que nos llenemos de energía positiva o si prefiere, de pensamientos claros, objetivos y positivos. Ésta parte Yin se aplica justamente antes de colocar los objetos de Feng Shui que va a usar: ya sea un windchime, una bolita de cristal, un árbol, un espejo, una planta o cualquier otra cosa.

Una vez que ya tiene listos los objetos de Feng Shui que va a colocar, proceda a entrar en un estado mental, calmado y meditativo. Cancele todos los pensamientos que nada tienen que ver con el momento que está viviendo y entonces visualice que los problemas que tiene y piensa remediar, se alejan; que su situación se mejora y que todo en su casa funciona mejor. Enseguida diga la oración que más le llene en el fondo de su ser y pídale a Dios que le ayude para que todo se solucione. Finalmente extienda sus manos con las palmas hacia el frente, dirigidas directamente hacia el objeto que está colocando y sienta que la energía de su Ser, irradia y baña al objeto (espejo, windchime, prisma, color, fuente, etc.) procediendo seguidamente a colocarlo en el lugar previamente elegido.

En los cursos de Feng Shui que imparto, hablamos de esta parte de una manera muy amplia, explicando como usar mudras, mantrams y otras cosas de carácter mas espiritual y místico que son muy relevantes dentro del Feng Shui.

EL RITUAL DE LOS SOBRES ROJOS

De acuerdo a las normas del Feng Shui tradicional y en estricta obediencia al ritual que me fue enseñado por mi Maestro, se establece que el Feng Shui es un conocimiento sagrado que no debiera transmitirse indiscriminadamente, sino que debe cuidarse de que el que lo recibe no sólo sea merecedor del mismo sino que haga el mejor uso de dicho conocimiento. A esto se debe que el Feng Shui se hubiese mantenido tan secretamente guardado por tantos siglos y que hasta ahora empiece a ser conocido y aplicado en occidente.

Otra norma es que el Feng Shui sólo puede transmitirse verbalmente y únicamente de maestro a discípulo. Es aquí en donde adquiere pleno valor el ritual del sobre rojo. Esta costumbre consiste en que cada vez que uno recibe un consejo de Feng Shui, esa persona tiene la responsabilidad de entregar a quien le está dando los conocimientos: uno, tres o nueve sobres rojos con una cantidad de dinero dentro, la cual cumple con los siguientes objetivos.

1. Al entregarlo se hace una manifestación respetuosa de agradecimiento por el conocimiento sagrado que está recibiendo.

2. Proteger al maestro que da ese conocimiento, de no ser castigado por revelar la sabiduría sagrada.

3. Asegurarse de que lo que va a aplicar y poner en practica va a ser efectivo.

Cuando efectúe éste ritual, hágalo con total respeto y jamás lo utilice como un medio para obtener ganancias personales. El dar un consejo de Feng Shui implica una gran responsabilidad. Recuerde que el hecho de haber tomado un curso de Feng Shui, haber leído algunos libros sobre el tema o conocer toda la información existente en la red internet. no lo facultan para impartir seminarios. Asegúrese de que quien se dice experto en Feng Shui en verdad lo sea.

El rodearse de una aureola de misterio y excentricidad, ha sido el procedimiento del que algunos de éstos seudoexpertos se ha valido para engañar a las personas, ya que sus pocos conocimientos y experiencias sobre el tema, los llevan a mezclar indiscriminadamente al Feng Shui con otras disciplinas y temas que no tienen ninguna relación.

Apreciado Lector:

El Feng Shui es una ciencia oriental muy antigua y muy poderosa que por milenios estuvo oculta al mundo y solamente era transmitida directamente de maestro a alumno, generalmente en monasterios.

La circunstancia de que usted tenga la posibilidad de tener acceso a estos conocimientos, constituye una muy valiosa oportunidad y conlleva una gran responsabilidad.

La oportunidad consiste en que si usted se esmera en estudiar y comprender cuidadosa y sutilmente este maravilloso arte-ciencia y lo aplica con amor, muy pronto comenzará a denotar cambios sustanciales en su calidad de vida.Podrá lograr mayores niveles de armonía, paz y amor para consigo mismo y mejorará notablemente su relación con su familia y con el mundo que le rodea; y lo más importante, cada día será más próspero y más feliz.

El camino está ya en sus manos.
El éxito está ya a su alcance.
¡Le deseo el mejor de los destinos!.

Estimado lector, solo me resta agradecerle el que haya tomado en sus manos, este libro y espero que sirva al propósito para el que fue creado. En sus manos tiene el trabajo de muchas personas, cuya única intención es brindar un poco de luz y amor, para así lograr que el Ser Humano avance en su evolución física, intelectual y especialmente espiritual.

Para obtener información acerca de Seminarios, Objetos de Feng Shui para Curar su Casa, Asesorías, Consultas o Libros, favor de dirigirse a:

The Great Sunshine Press Inc.
P.O. Box 653552
Miami, Florida 33265-9998
Tel. (305) 559 9494
Fax (305) 553 1585
e-mail:Rela@NetSide.Net

En Guadalajara:
Tel. (913) 618 1638
(913) 663 1056
e-mail: chuyruiz@jal1.telmex.net.mx

En México:
Miguel Lerdo de Tejada #105
Col. Guadalupe Inn
Tel. (915) 550 2598

Quiero terminar este libro con un pensamiento maravilloso, que va dedicado a la memoria de mi Maestro Roberto Samayoa García, quién fue su creador y que dice:

"Hazme sensible Maestro...
que la gracia de Vuestra Omnipotencia,
me descarte de toda maleficencia,
para que la ciencia de Vuestro amor,
me haga consciente en pensamientos,
palabras y obras.

En el nombre del Padre, del Hijo y del Espíritu,
Yo tendré una vida llena de abundancia,
felicidad y prosperidad".

CUARTA PARTE

PROYECTOS ARQUITECTÓNICOS PARA CASAS HABITACIÓN CON FENG SHUI

El objetivo de éste capítulo es el de llevar a la práctica todo lo que hemos dejado expuesto a lo largo de éste libro, especialmente porque considero que no todas las personas tienen acceso a un profesional de la arquitectura que pudiera diseñarles el plano de una casa siguiendo las normas que dicta el Feng Shui.

Para ese efecto, hemos solicitado la colaboración de nuestro amigo el **Arq. Alfredo Cárdenas**, para diseñar un juego de planos, quien accedió y los preparó para tres tipos de casas: el primero, para personas con recursos económicos; el segundo para una familia típica de seis miembros y la tercera para quienes el tener una casita es lo mas grande que les puede suceder.

El Arq. Cárdenas, según me lo ha explicado, desea que este trabajo sea una aportación para la humanidad, a cambio de lo que él ha recibido de la vida.

A propósito, si alguno de los lectores desea información o asesoría del Arq. Cárdenas, puede llamarlo a Guadalajara al tel. (913) 640 3018.

A continuación, cedo el espacio para que el Arq. Cárdenas exponga desde el punto de vista de su profesión, todo lo relativo a los planos a que me he referido, reiterándole mi agradecimiento por el tiempo y esfuerzo que este trabajo implicó para él, agregando que tengo la firme confianza de que con esta última parte mi objetivo queda alcanzado.

CAPÍTULO PRIMERO

EXPOSICIÓN Y DESCRIPCIÓN

ANTECEDENTES

En 1992 después de haber asistido a mi primer curso de Feng Shui con el Dr. Ronald Lorenzana, me di cuenta de que en éste se manejaban conceptos que eran aplicables e insoslayables a las materias de la obra arquitectónica y que esto vendría a influir determinantemente en mi ejercicio profesional como Arquitecto. De inmediato inicié el análisis de los conceptos del Feng Shui aplicados a mi caso particular y específicamente a la casa habitación de mi familia.

Por desconocer el Feng Shui cuando construí la casa, ésta contaba con múltiples errores e incongruencias que provocaban la desarmonización natural; cuando la analicé desde el punto de vista de los conceptos del Feng Shui, comprendí la razón del por qué de esto y me di a la tarea de iniciar los cambios y modificaciones necesarias para **CURAR MI CASA CON FENG SHUI**. Al ver que esto traía consigo múltiples beneficios en mi y en mi familia, continué asistiendo a todos los cursos que mi maestro Ronald Lorenzana impartía en Guadalajara, lo que me permitió conocer más de cerca a mi maestro y contar con su particular asesoría, tanto en lo que a la teoría como a la práctica se refiere.

FUNDAMENTACION

La afinidad del Feng Shui y la Arquitectura es múltiple o pudiera justificarse indisoluble, ya que en ambas se incluye la adecuación de espacios para el desarrollo de todas las actividades tanto físicas como psicológicas del ser humano a través del tiempo; así mismo encontramos que en el Feng Shui y la Arquitectura son materias de estudio: El emplazamiento de los espacios volumétricos en el contexto de la naturaleza y su fisonomía urbana, con un alto sentido de responsabilidad por el respeto a la vida vegetal en particular y en general a los elementos de la naturaleza.

Hay varias definiciones de la Arquitectura propuestas por diferentes autores entre ellos VILLAGRAN GARCIA, dice que: *"Es el arte de construir la morada integral del hombre"*. LE CORBUSIER por otra parte afirma que *"Es el juego sabio y magnífico de los volúmenes bajo la luz"*.

Otros la identifican plenamente como Arte; por lo tanto, áltamente subjetivo y otros la cargan con principios técnicos, por lo que pudiera ser demostrada con métodos científicos; la verdad es que tanto el Feng Shui como la Arquitectura contemplan al ser humano en su aspecto físico y psicológico en forma indisoluble o como una unidad congruente, ubicándolo en su espacio. Por esto decimos que si bien la Armonía, la Belleza o Estética, el Equilibrio, la Proporción, el Balance, el Contraste, etc. son materias que tienen alta apreciación subjetiva.

La aplicación concreta de éstas es real y se materializa pudiéndose comprobar con los diferentes y variados estados fisico-psíquicos del ser humano; por lo tanto el Feng Shui es un gran apoyo para la Arquitectura, porque nos ayuda a explicar con objetividad y demostrar en la práctica cotidiana la aplicación y sus resultados de estos conceptos anteriormente expuestos.

La tarea de encontrar la aplicación de los conceptos particulares del Feng Shui en la Arquitectura y materializarlos, primero en un proyecto y después en la obra Arquitectónica, fue parte del objeto de iniciar los estudios correspondientes que delimitamos con alcances de hacerlo para el genero habitacional únicamente en esta etapa, ya que pudiera complicarse hasta el hecho de incluir todos los ámbitos y sus circunstancias que a través de la vida del hombre, ha desarrollado de una forma consciente o inconsciente.

La razón de que la expresión gráfica es afín al Feng Shui y a la Arquitectura, nos dio la pauta para recabar información y exponerla en un lenguaje común, es decir: que las formas las podemos analizar graficándolas con superficies planas, volúmenes, croquis, esquemas, dibujos, perspectivas, isométricos a escala, etc. con lo que nos permite exponer el manejo de las energías, conceptos del Feng Shui y su aplicación técnico-científica, en los aspectos constructivos o edificatorios de la Arquitectura. Encontramos que para el ser humano incluía un módulo de proporcionalidad de 0.90 metros lineales por lado, por lo que todas las distancias, superficies, espacios, vanos o materiales, deberán contar con dimensiones del módulo, múltiplo o submúltiplo de este.

FENG SHUI, BIOCLIMATISMO, HELIOARQUITECTURA Y URBANISMO

Son materias que nos aportan la información necesaria para el diseño de la vivienda con armonía en el manejo de las energías de la naturaleza, el confort que el clima del lugar ofrece y los datos metereológicos para aplicarlos al proyecto: Ubicar el punto o lugar más cercano donde encontremos la mayor cantidad de energía vital o Chi, nos determina la orientación de la fachada principal y su ingreso; ubicar la salida del sol, la humedad en el medio ambiente, la velocidad y dirección de los vientos dominantes, los diversos recursos naturales sobre y bajo la superficie terrestre; también el Chi se modifica por el equipamiento, mobiliario urbano e infraestructura de la zona; es decir que la Topografía, Plazas, Mercados, Iglesias, Escuelas, Bancos, Delegaciones, Parques,

Bosques, Lagos, Fábricas, Depósitos de Basura, Áreas de esparcimiento, Zoológicos, Funerarias, Fuentes, Glorietas, Avenidas, Calles, Colectores, Subestaciones, líneas de electricidad, Contaminación Urbana, etc. Podemos decir que la energía del exterior influye en la del interior y esta a su vez en los habitantes de la vivienda; desde luego, que con el Feng Shui se puede manejar de una forma armoniosa y favorable para el diseño de la vivienda.

A manera de conclusión se resume que los aspectos que se toman en cuenta para el manejo de las energías de los conceptos del Feng Shui, involucran a todos los ámbitos del eco y microsistema de donde se localiza el terreno en cuestión, tanto del medio ambiente natural como del transformado.

EL PROGRAMA ARQUITECTÓNICO

De acuerdo con el promedio de miembros que forman una familia típica de nuestro medio y con las expectativas que ofrece la ciudad, nos dimos a la tarea de desarrollar un programa pensando en la problemática que representaba una familia que estuviera formada de 6 miembros de clase media y que de los 4 hijos, 2 hombres uno de 16 años y otro de 14, así como 2 mujeres una de 18 años y la otra de 9, todos dedicados a sus respectivos estudios con inquietudes deportivas, algunos musicales, otros por los idiomas y en lo general todos con una sociabilidad abierta en sus respectivos medios, consideramos que sería una familia típica con inquietudes de superación y desarrollo natural, por lo que la propuesta podría servir a muchas otras familias que se encontraran con las características similares en lo general.

Partiendo de ésta información, idealizamos un terreno amplio sin limitaciones de forma y orientación adecuada, en el cual se zonificará:

A) Área cubierta:

I. La casa propiamente dicha.
- 3 Recamaras con closet y baño
- 1 Cocina (con la estufa en solucion tipo isla)
- 1 Comedor independiente

- 1 Estancia independiente (con área de música)
- 1 Estudio multifuncional (archivo,computadora juegos,etc.)
- 1' Recibidor 1/2 baño closet.
- 1 Distribuidor central (patio cubierto transparente para área verde tipo invernadero).

II. Los servicios generales y de mantenimiento

- 1 Recamara de servicio, closet y baño (área de planchado).
- 1 Area de lavar (lavadora, secadora y lavadero), closet blancos.

III. Lugar para dos automóviles

- Closet de herramientas.

B) Área descubierta:

I. Circundando a la casa con áreas verdes.

II. Circulaciones peatonales.

III. Patio de servicio.

Esto es lo que consideramos sería mas parecido a lo *IDEAL*, de tal manera que se adoptó la forma octagonal para la planta Arquitectónica y un lote mínimo de 45x45 mts al que llamaremos **PROYECTO TIPO I RESIDENCIAL.**

Para el **PROYECTO TIPO II VIVIENDA MEDIA**, se le reducen algunas dependencias y áreas en relación al programa anterior y se conserva el esquema de solución de planta baja; en este caso de forma cuadrada y se propone un lote de 30 x 36 mts.

Para el **PROYECTO TIPO III VIVIENDA ECONOMICA.** Se consideraron las dependencias y áreas y se propone una solución de dos plantas y se resuelve en un lote de 8 metros de frente por 20 de fondo.

LO CONCEPTUAL

Esto será lo que en esencia expresen las aportaciones de los proyectos con Feng Shui. Es decir, que las energias serán analizadas y manejadas para la armonización de los diferentes ámbitos de los proyectos.

En primer término se estudia el entorno donde se ubica el terreno, tanto del medio ambiente natural, (cerros, montañas, valles, barrancos, rios, lagos, bosques, etc.) así como el medio ambiente transformado, (edificios, equipamiento y mobiliario urbano etc.) lo que nos da la información de la energía tipo YIN o la YANG según sea el caso y la magnitud de ésta. Conociendo los métodos de conducción de energias, las podemos utilizar para equilibrar y armonizar nuestros proyectos.

Las áreas verdes se localizan en el perímetro de la vivienda usando formas de riñón con arbustos para generar chi en esos puntos de balance.

Estos conceptos son aplicados a los tres proyectos, solo que en los de terrenos mas reducidos es necesario aplicar algunas curas en donde las restricciones a la solución óptima se vuelven imperantes, incluyendo al proyecto en dos plantas.

El segundo punto será estudiar *el suelo y subsuelo del terreno*, la vegetación que se encuentra en el terreno y en sus colindancias, asi como las aves o animales que se encuentran frecuentando el lugar, lo que nos dará la pauta a seguir para la identificación de las energías y así determinar la estrategia a aplicar para la armonización de éstas.

El tercer punto es estudiar la geometría de las formas posibles de utilizar en el terreno y en el área de la casa propiamente dicha; *las formas que resultan* de las áreas cubiertas y descubiertas; de los espacios en tres dimensiónes, de las diferentes fachadas, de los muros, de las cubiertas o techos, de las puertas o ventanas,de las escaleras, de los muebles y de la vegetación. Con esto podemos aplicar los conceptos de formas yin y yang para armonizarlas y evitar las agresivas, ó transformarlas en formas vivas y activas generadoras de chi.

El cuarto punto es determinar que **tipos de materiales** son susceptibles de utilizarse en las diferentes etapas de la construcción: en la cimentación, en los muros, en las cubiertas, en las instalaciónes eléctricas, de agua y drenaje Etc. así como en los recubrimientos de pisos,de muros y techos tanto en el interior como en el exterior; en accesorios u otros equipos.

El quinto punto es definir **los colores** que se van a emplear. Para esto deberá considerarse la ley de los cinco elementos, que se menciona en otra parte de este libro, para la aplicación de los diferentes colores y la correspondencia con el área que se trate.

El cuadro de los conceptos antes descritos nos provoca una relación de energías que interactúan en el proyecto y definen la armonización del FENG SHUI de la vivienda, para que ésta actúe en forma constante en los habitantes de la misma, tal y como si fuera la piel de la familia.

LO DESCRIPTIVO

A. EL PROYECTO TIPO "I" RESIDENCIAL

B. EL PROYECTO TIPO "II" VIVIENDA MEDIA.

C. EL PROYECTO TIPO "III" VIVIENDA ECONÓMICA.

Para definir la ubicación del terreno ó predio, idealizamos que este se localiza en la parte media de un cerro o de una montaña; otra opción sería ubicarlo en la unión de dos colinas que protejan el terreno como si lo resguardaran de posibles agresiones o fenónemos metereológicos. También podríamos construir el proyecto en una zona boscosa de exuberante vegetación ó lo mas cercano a ella; también pudiera ser un terreno en el que un rio lo envuelva ó abrace, como si lo circulara, para protegerlo e irrigarlo de Chi.

197

La orientación del terreno podría ser con frente Norte ó Sur. El sembrado de la vivienda sería en el tercio medio de la superficie del terreno, ó lo mas cercano a este.

El acceso a la vivienda es por el camino peatonal armonioso ó serpenteado, con opción múltiple, es decir por las cocheras o por el andador. La forma de la vivienda es siempre regular, que en el caso del proyecto tipo"I" es Octagonal ó en *BA-GUA*. En las áreas interiores se diseñaron formas cuadradas para las habitaciones. El centro ó *el TAO* se resolvió con una forma Octagonal armonizada por una columnata en arquería que es lo que sostiene la cúpula transparente; en las aristas del Octágono resultan espacios que se proponen en forma de abanico, por lo que se aprovecha para que de un punto con espejo se abran múltiples opciones proyectadas.

La zonificación obedece a un núcleo de día, uno de noche y otro de servicios. En el de día ubicamos la cocina en el"área del dinero del BA-GUA",con una estufa en solución de isla; el comedor en el "área de la salud y la familia del BA-GUA",con la mesa octagonal. El estudio u oficina multifunciónal (videos, juegos, biblioteca, computación, etc.), se coloca en el "área de los conocimientos del BA-GUA".

En el "área del trabajo del BA-GUA", ubicamos el ingreso y un recibidor rematando la visual con una pecera. La estancia con área de música la hicimos coincidir con "área de benefactores del BA-GUA". En el núcleo de noche se localizan las recamaras; en el "área de la fama y de los hijos en el BA-GUA" nos permitió diseñar las recamaras de los hijos; La recámara principal se ubica en el "área del matrimonio y del mando en el BA-GUA"; estas con closet y baño donde el espejo del lavabo nos duplica el efecto abanico del espacio y la forma interior. En ningún caso se podrá ver el inodoro al abrir la puerta del baño. Nótese que en las recamaras las puertas se encuentran lo mas retirado de las camas las cuales siempre tienen el comando del ingreso a la habitación.

El núcleo de servicios se vincula por la cocina ó por el jardín lateral, se desarrolla un esquema de áreas regulares y balanceadas que armonicen en los benefactores y se estimulen con los equipos de lavado, secado y otros aparatos.

Los módulos de las áreas son en múltiplos o submúltiplos de 0.90 mts.; por ejemplo una recamara mide 4.50 mts. por 5.40 ó 6.30 mts.y de altura 2.70 mts.;las puertas 0.90 por 2.10 mts.; las ventanas 1.80 por 2.10 mts. Se evitan las formas agresivas en su totalidad y las esquinas y aristas se prevee que no queden con ángulos afilados sino que se redondean y aplanan con los recubrimientos.

CAPÍTULO SEGUNDO

PROYECTOS ARQUITECTÓNICOS
DE TRES TIPOS DE VIVIENDA

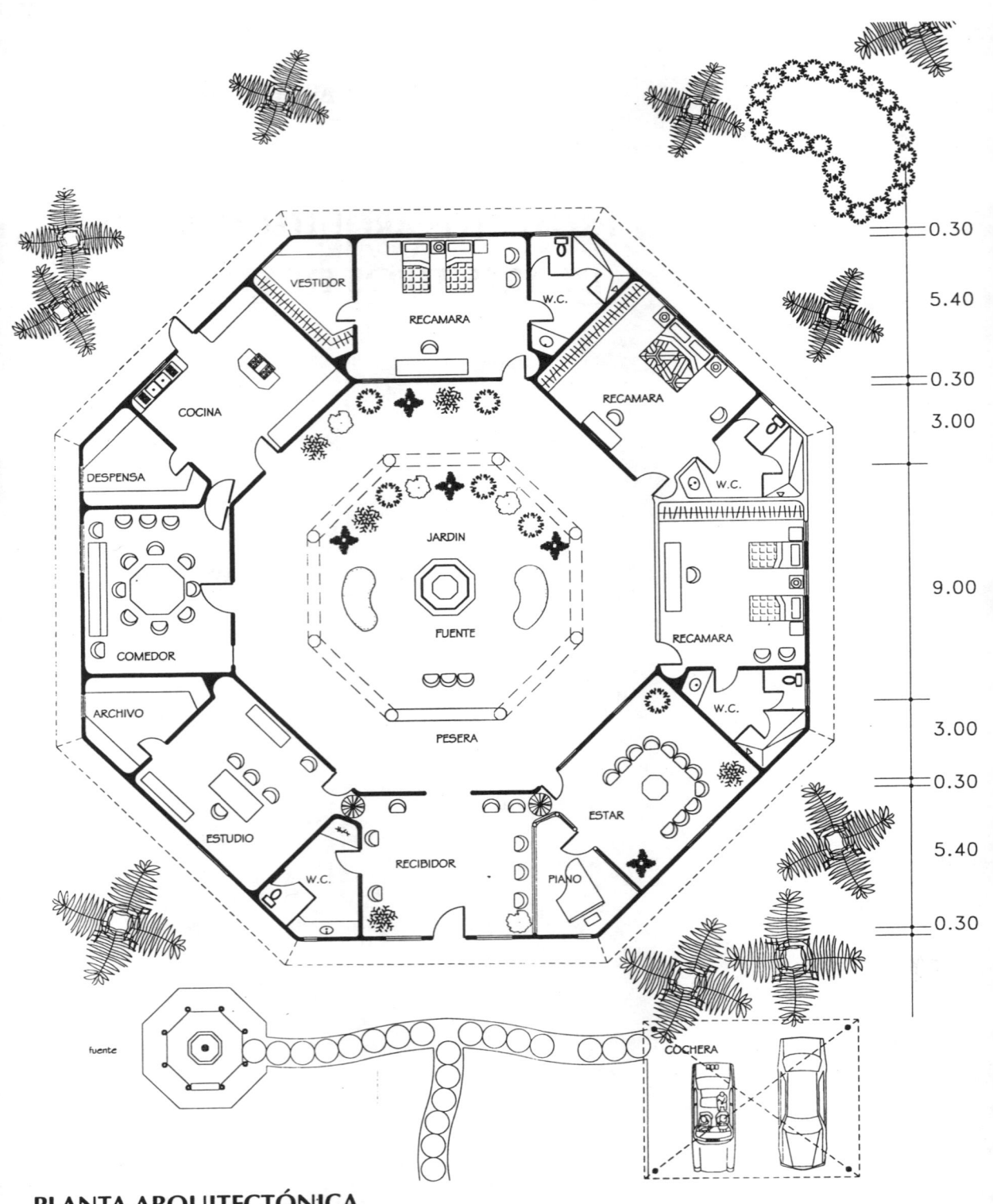

PLANTA ARQUITECTÓNICA
PROYECTO TIPO I RESIDENCIAL

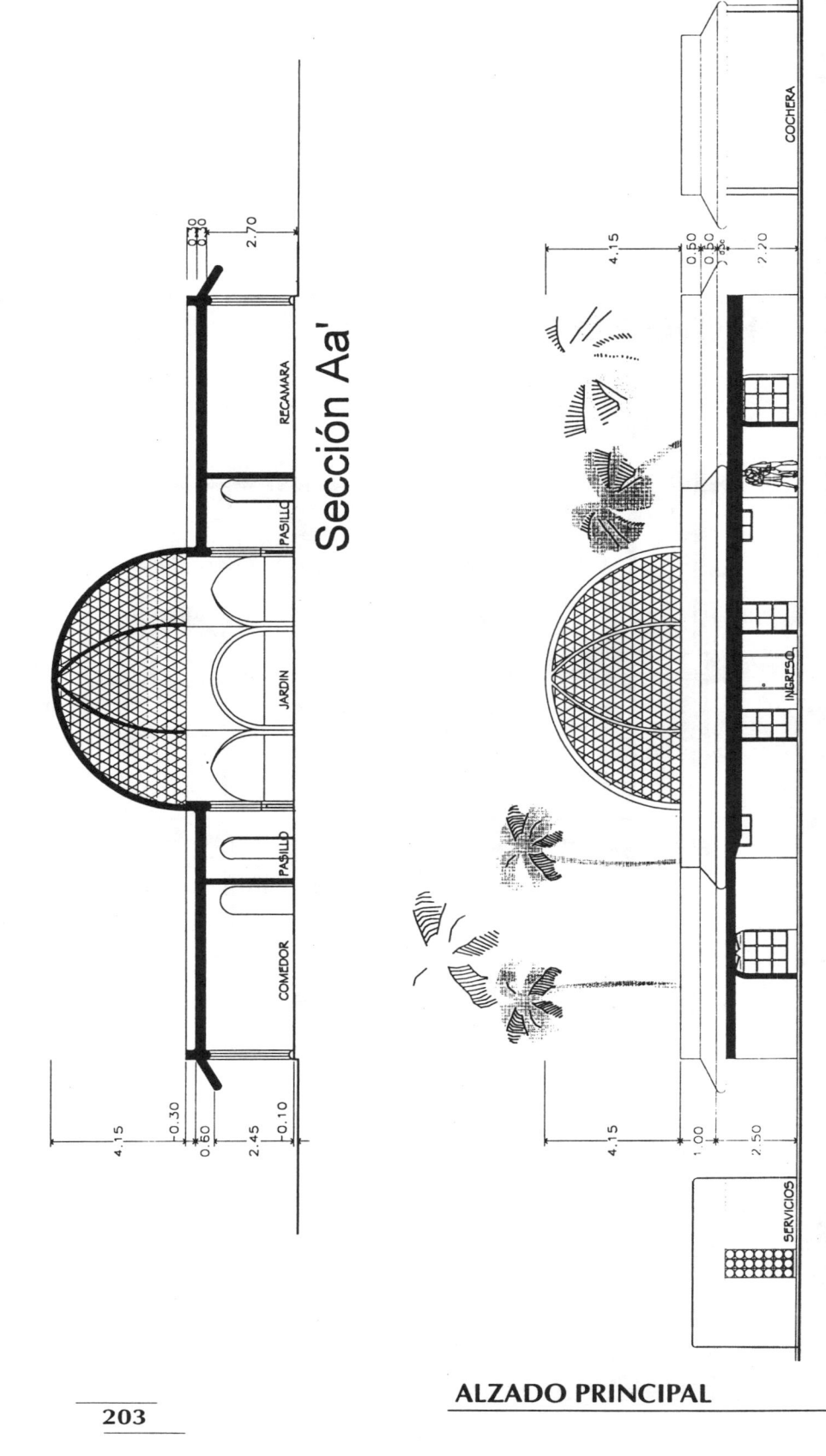

Sección Aa'

COMEDOR | PASILLO | JARDIN | PASILLO | RECAMARA

ALZADO PRINCIPAL

COCHERA | INGRESO | SERVICIOS

Proyecto Vivienda Media Tipo II

NORTE

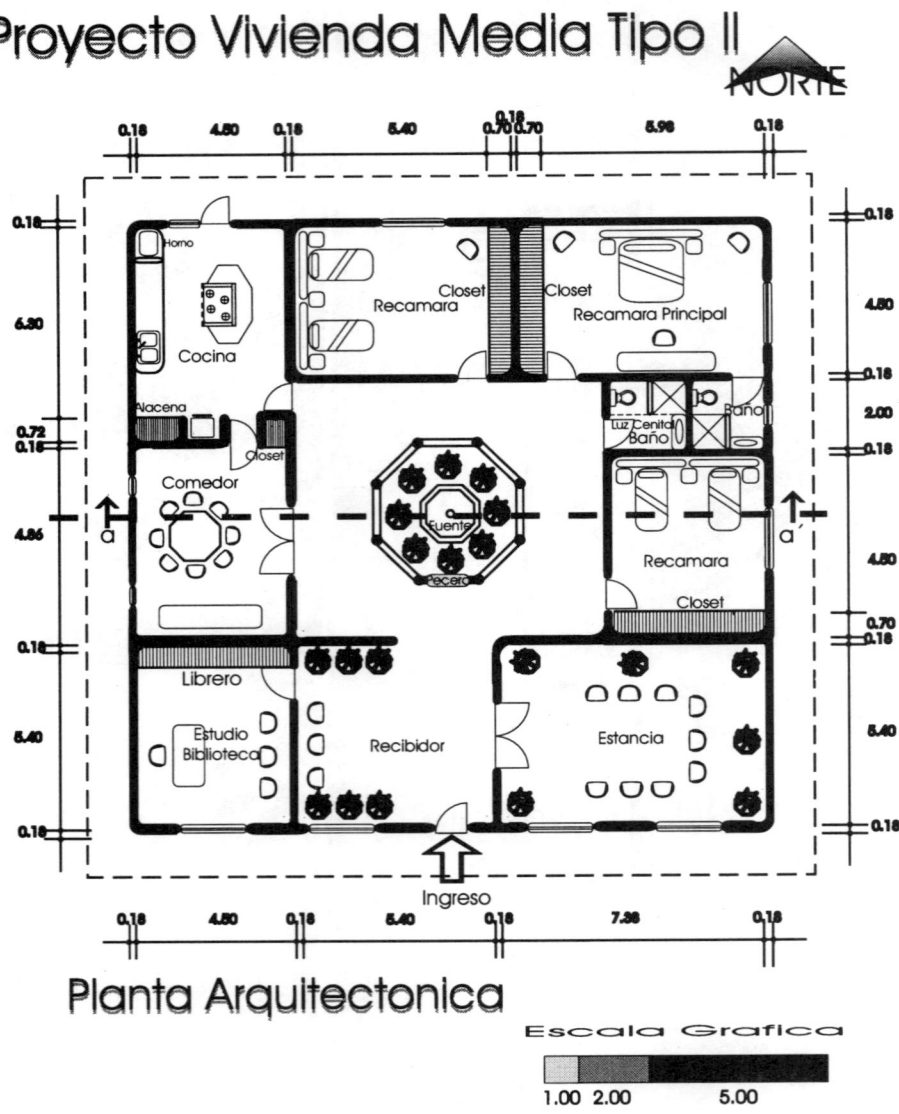

Planta Arquitectonica

Escala Grafica

1.00 2.00   5.00

PLANTA ARQUITECTÓNICA
PROYECTO TIPO II VIVIENDA MEDIA

Proyecto Vivienda Media Tipo II

Alzado Principal

Sección a-a´

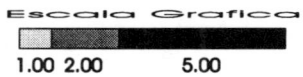

Escala Grafica

1.00 2.00   5.00

ALZADO PRINCIPAL

Proyecto Vivienda Economica Tipo III

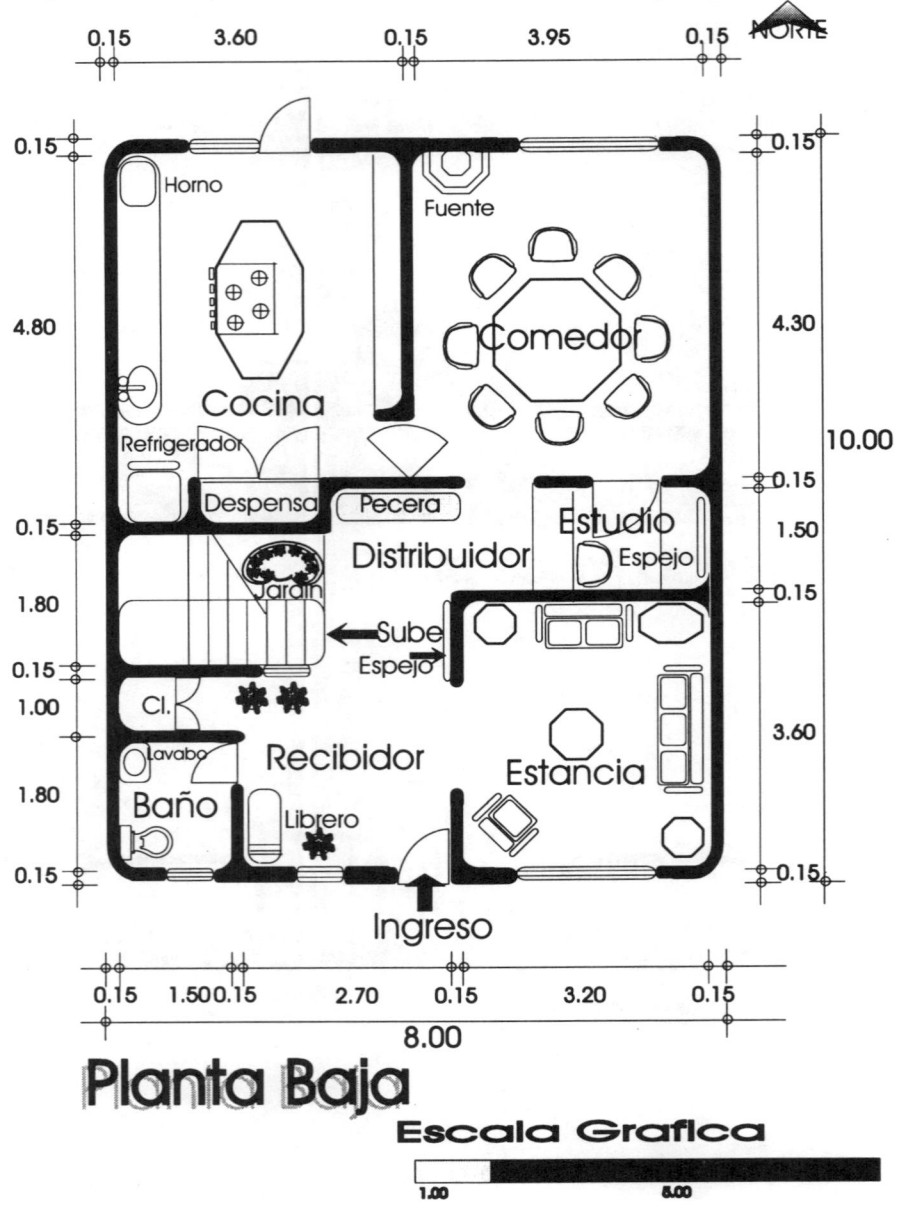

Planta Baja

Escala Grafica

PLANTA ARQUITECTÓNICA
PROYECTO TIPO III VIVIENDA ECONÓMICA

Proyecto Vivienda Economica Tipo III

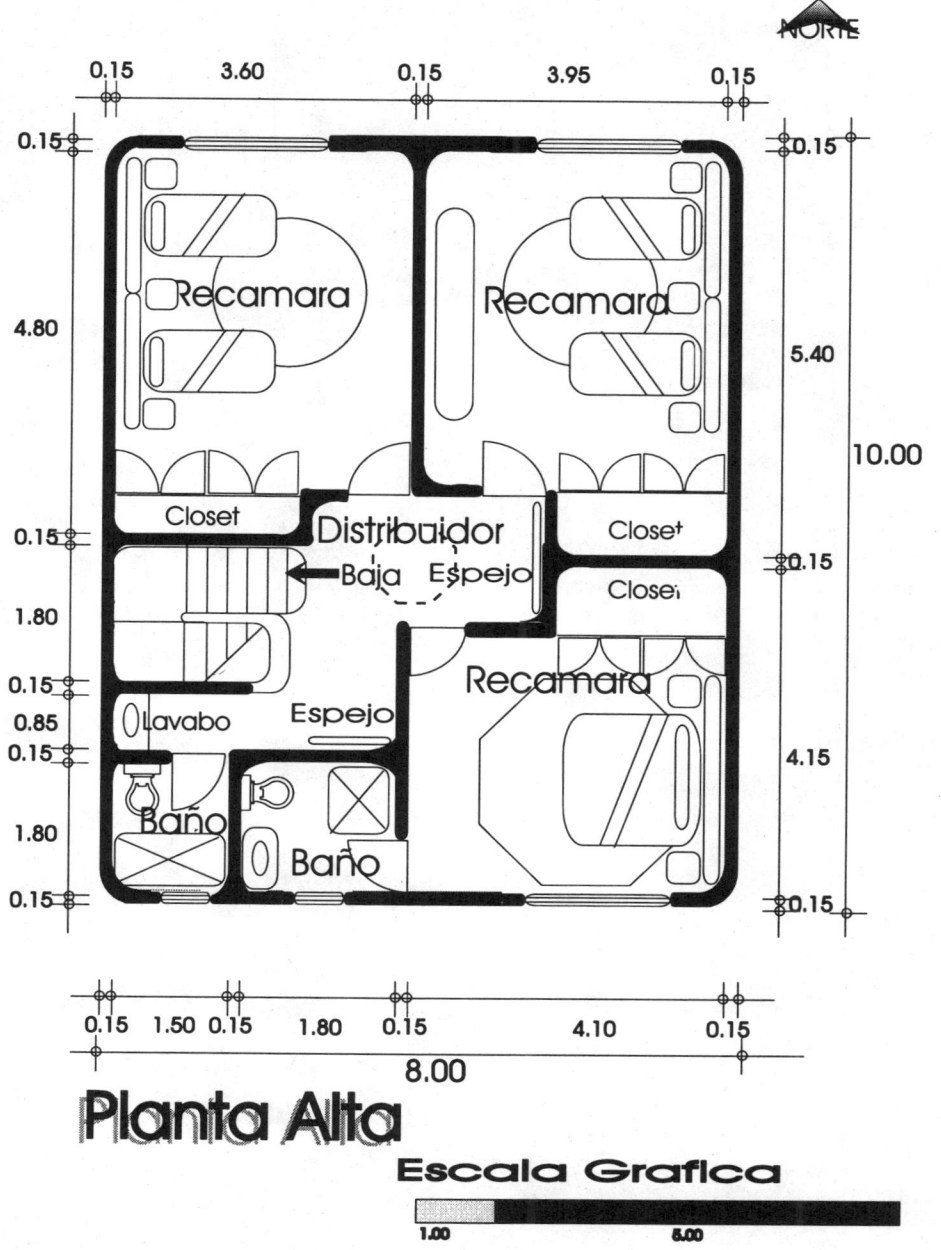

NORTE

| 0.15 | 3.60 | 0.15 | 3.95 | 0.15 |

0.15

4.80

Recamara

Recamara

5.40

10.00

Closet

Distribuidor

Closet

0.15

Baja   Espejo

Closet

1.80

Recamara

0.15
0.85
0.15

Lavabo

Espejo

4.15

1.80

Baño

Baño

0.15

| 0.15 | 1.50 | 0.15 | 1.80 | 0.15 | 4.10 | 0.15 |

8.00

Planta Alta

Escala Grafica

1.00   5.00

ALZADO PRINCIPAL

TESTIMONIOS DE LOGROS
PRODUCIDOS POR LA APLICACION DEL FENG SHUI

A lo largo del tiempo que tengo de andar impartiendo seminarios de Feng Shui, he tenido la oportunidad de conocer a muchísimas gentes, entre ellas algunas de excepcional calidad que no sólo me han dado calor humano, sino también su apoyo, respaldo y entendimiento y a quienes estoy eternamente agradecido.

También he podido visitar muchas casas, negocios y oficinas de personas que han pedido que se les den los consejos apropiados para corregir los problemas, lo que ha engrandecido nuestra experiencia, no sólo dentro del campo del Feng Shui, sino del trato con los seres humanos. Se ha despertado nuestra compasión por entender y ayudar a aquellos seres que sufren porque sus casas carecen de una energía positiva, sin salirnos desde luego de las normas del Feng Shui. Hemos ido enriqueciéndonos espiritualmente y cambiando nuestro paradigma acerca del proceso evolutivo de los seres humanos y no nos gobierna un interés económico, sino un inmenso llamado al servicio, a cumplir con una misión y prueba modesta de que hemos cumplido con nuestro trabajo, son las cartas y notas con las cuales desinteresadamente algunas personas han querido hacernos patente su agradecimiento y para que usted las comparta conmigo, se las describo a continuación:

"Dr. Muchísimas gracias por todos sus consejos y por enseñarnos con tan buena fe. Le estamos muy agradecidos mi esposo y yo y Dios quiera que pronto nos volvamos a ver y que para cuando eso suceda le tengamos buenas noticias. Gracias a sus consejos y conocimientos. Gracias por todo y suerte. Siempre sus amigos".

MARTIN y ARACELY.

TESTIMONIO:

Soy una persona de 30 años de edad, con una preparación profesional aceptable, pues en mi haber poseo dos carreras a nivel licenciatura. Por necesidad personal, tuve que cambiar el domicilio de mi bufete y domicilio particular. En apariencia este cambio parecía ser benéfico, pero sin entender porqué, precisamente al realizar este cambio, mi vida con situaciones desfavorables en todos los aspectos, dió un giro de 360 grados.

Como primer elemento desfavorable, me vi envuelto en un accidente automovilístico de graves consecuencias, pues para empezar perdí el conocimiento y tuve que llevar a cabo tratamientos y estudios muy severos.

Al salir del hospital, encontré conflictos severos en mi negocio, lo cual repercutió en la liquidación de la sociedad. Mi esposa, generalmente tranquila y amorosa, se tornó en inconforme y agresiva. Me vi envuelto, a raíz de mi siniestro automovilístico, en serias cuestiones legales. Económicamente empobrecido y con erogaciones y compromisos demasiado fuertes imposibles de sostener.

Afortunadamente mi gran amigo Samuel Olvera, me relató su experiencia vivida en base a la aplicación de los principios que rigen el FENG SHUI y confieso que impulsado más que nada por el entusiasmo y compromiso creado por mi amigo, acepté asistir a un evento que realizo el Dr. Ronald Lorenzana. Conforme transcurría el evento, me sentí invadido de la energía del expositor y los demás participantes, quienes con sus vivencias y cambios ocurridos por la aplicación de consejos de personas que anteriormente habían participado en el curso, exponían cambios sorprendentemente favorables en sus vidas.

Debo admitir que aún escéptico pero ahora motivado por mi esposa Aracely, quien también participó en el curso, empecé a realizar observaciones de análisis a mi casa y oficina y grande fué nuestra sorpresa al comparar que exactamente en el área que se nos enseñó en el curso que originaban positiva o negativamente actitudes o eventos en torno a nuestra vida, tenía problemas de los que se nos habían referido. Con curiosidad pero ya más convencido apliqué mi conocimiento de FENG SHUI y gracias a DIOS me he convencido de la efectividad y de los resultados tan importantes obtenidos.

En la actualidad y a solo tres semanas de mis vivencias anteriormente narradas establezco:

Estar plenamente convencido de las bondades del FENG SHUI.
Mi vida familiar, económica, laboral, espiritual y social se ha visto armonizada y materialmente me he visto restituido de todo lo que perdí.

Agradezco asimismo al Dr. RONALD LORENZANA por su entrega y entusiasmo desinteresados, pues sabe dar lo mejor de si mismo a quien lo necesita.

Eternamente Agradecido.

Guadalajara, Jalisco 5 de Diciembre de 1993.
Firma : Lic. MARTIN VAZQUEZ JIMENEZ.

R egalo providencial al desesperado eres,
O ración perpetua para su alivio das;
N o buscas más, alivio solo quieres
A quien con mente abierta,
L a fe apagada, más con guardia alerta
D a tumbos sin luz en su hogar.. sus quehaceres

L uz das, porque luz ·tienes,
O porque simplemente,
R egando el bien sabes, el bien viene;
E rrante y atento a la condición que impera
N o hay bien que niegues, que bien dar puedas
Z, A o M, no veo distingos en tu atención,
A hora escribes libros, Dios bendiga tu intención,
N o tengo empacho en confesar y al mundo digo..
A partir de oírte mi vida del mal al bien dió su giro.

CON AGRADECIMIENTO INFINITO.
Guadalajara, Jalisco a 5 de Diciembre de 1993.

Firma. ALBERTO HERNÁNDEZ CAMBEROS.
MARTHA ALICIA MARTIN DEL CAMPO CRUZ.

F elicidad y armonía,
E ncontré en tus secretos,
N ueva forma de mi vida,
G anaré con tus alientos.

S erás parte de mi todo,
H aré de tí mi gran guía,
U tilizando tu modo, me
I nvadiré de (chi) energía

Firma: Carlos Parra.
Guadalajara, 12 de Diciembre de 1992.

Doctor:

Quiero darle mi agradecimiento por éstas maravillosas enseñanzas. Me voy convencida de todas las bendiciones que éstas me están dando desde el mismo momento en que iniciamos el curso.

Dios lo bendiga grandemente.

(firma) Juanita.
Ciudad Juárez, Chihuahua. Méx.
30 de Noviembre de 1994.

"Mi sincera gratitud y amor a un ser que se ha dado la meta de compartir algo tan hermoso".
Rigoberto Río.

"Mil gracias por haber compartido tus sagrados y valiosos conocimientos. Que Dios te los multiplique y te bendiga. Hasta Pronto!.
José Antonio Gonzalez

RONALD:

Te agradezco sinceramente lo mucho que he aprendido. Eres un hombre que emana mucho chi. Que Dios te bendiga siempre en donde te encuentres. Muchas gracias por todo.

Atentamente. Guille de Granados.
Guadalajara. Jalisco.

Dr. Lorenzana:

Me es grato comunicarme con usted y comentarle que en Noviembre de 1994 cuándo tuve el gusto de conocerle, aunque sea dicho de paso por CURIOSIDAD, tomé el curso del FENG SHUI que usted tan bondadosamente imparte. Fueron dos días de aprendizaje y en los cuales todas y cada una de las enmiendas que dicho curso propone las seguí al pié de la letra. Deje comentarle que los resultados que en mi beneficio económico, sentimental, de armonía con mi familia, han sido extraordinariamente favorables.

En lo económico pude resolver múltiples compromisos de moneda que por mi trabajo tuve que adquirir.

Sentimentalmente la comprensión y entrega de mi pareja -que no era mala-, mejoró extraordinariamente y por consecuencia la armonía matrimonial está en su máxima expresión.

Mucho le agradezco y agradeceré siempre éste y todos los beneficios que el FENG SHUI ha aportado a mi vida y todo gracias a los conocimientos de ésta disciplina que usted Dr Lorenzana me transmitió.

Una vez más gracias.

DR. JOSE LUIS MELENDEZ MEZA
P.E. Calles 1107 Sur Ciudad Juárez.Chih.

TESTIMONIO:

Soy Genoveva García, originaria de Acapulco, Guerrero. Decidí irme a los Estados Unidos en donde yo estuve trabajando y con el tiempo puse un negocio y me fué muy bien, pero decidí regresar a establecerme en Ciudad Juárez, en donde yo compré una propiedad para fincar mi casa. Con el tiempo fuí decayendo y todo lo que yo hacía me salía mal. Perdí mi negocio, mi trabajo y una propiedad que yo tenía en los Estados Unidos. Quedé absolutamente pobre. Me sentía desesperada y enferma. Tengo un hijo que se portaba mal conmigo y tenía muchos problemas con él.Una persona me habló sobre un curso de Feng Shui y decidí asistir y es aquí donde conocí al maestro Lorenzana, en donde él hablaba de cómo deben estar ubicadas las casas, porque hay casas que enferman, hay casas que lo dejan pobre a uno y hay casas que matan. Depende de como estén ubicadas. Yo invité al maestro Lorenzana para que viera como está ubicada mi casa y ésta es la causa que me estaba ocasionando el problema. Estaba mal ubicada y él me dijo como curarla. Estuve haciendo todo lo que él me recomendó al pié de la letra y gracias a las indicaciones que me dijo, yo poco a poco me he recuperado y he tenido más negocios.

Firma: Genoveva García

Todos las imágenes utilizadas
para la división de cada capítulo
fueron extraidas del libro:

CHINESE FOLK DESIGNS
A Collection of 300 Cut-Paper Designs
W.M. Hawley
DOVER Publications,Inc.
New York

- Lin Yun, Rossbach Sarah. *Living Color.*Kodansa Int´l. U.S.A.
- Lip Evelyn. *Feng Shui for Business.*Times Editions. Singapore. 1993
- Lip Evelyn. *Feng Shui for the Home*. Times Editions. Singapore. 1993
- Rossbach, Sarah Feng Shui. *The Chinese Art of Placement*. E.P. Dutton, Inc. New York .l993
- Rossbach, Sarah, *Interior Design with Feng Shui*. USA 1987.
- De la Forest, Roger . *Casas que Matan*. España. 1976.
- Eitel, J. Ernest. Feng Shui. *The Science of Sacred Landscape in Old China*. London. 1985.
- Hua-Ching Ni. I-Ching . *The Book of Changes and the Unchanging Truth.*USA 1992.
- Hua-Ching Ni. *Mysticism. Empowering the Spirit Within*. USA 1992.
- Hua-Ching Ni. *Workbook for Spiritual Development of all People*. USA 1993.
- Hua-Ching Ni. *The Complete Works of Lao Tzu*. USA l993.
- Lorenzana, Ronald. *Balanceando el Yin/Yang del Cerebro con Psicoacupuntura*. México .1990.
- Legge, James. *I-Ching Book of Changes*. New York l973.
- Bueno, Mariano. *El Gran Libro de la Casa Sana*. España. 1992.
- La Maya, Jacques. *Tu Casa es tu Salud*. España. 1993.
- Luscher, Max. *The Luscher Color Test*. USA 1969.
- Ayocuan. *La Mujer Dormida Debe Dar a Luz*. México. 1972.
- Tseng, Paul. *The Ancient Chinese Practice of Feng Shui*. USA. 1993
- Cano,Ramón. *Manual del Sanador de Casas*. Barcelona.España, 1993.
- Chia, Mantak & Maneewan. *Chi Nei Tsang*. USA.1990.